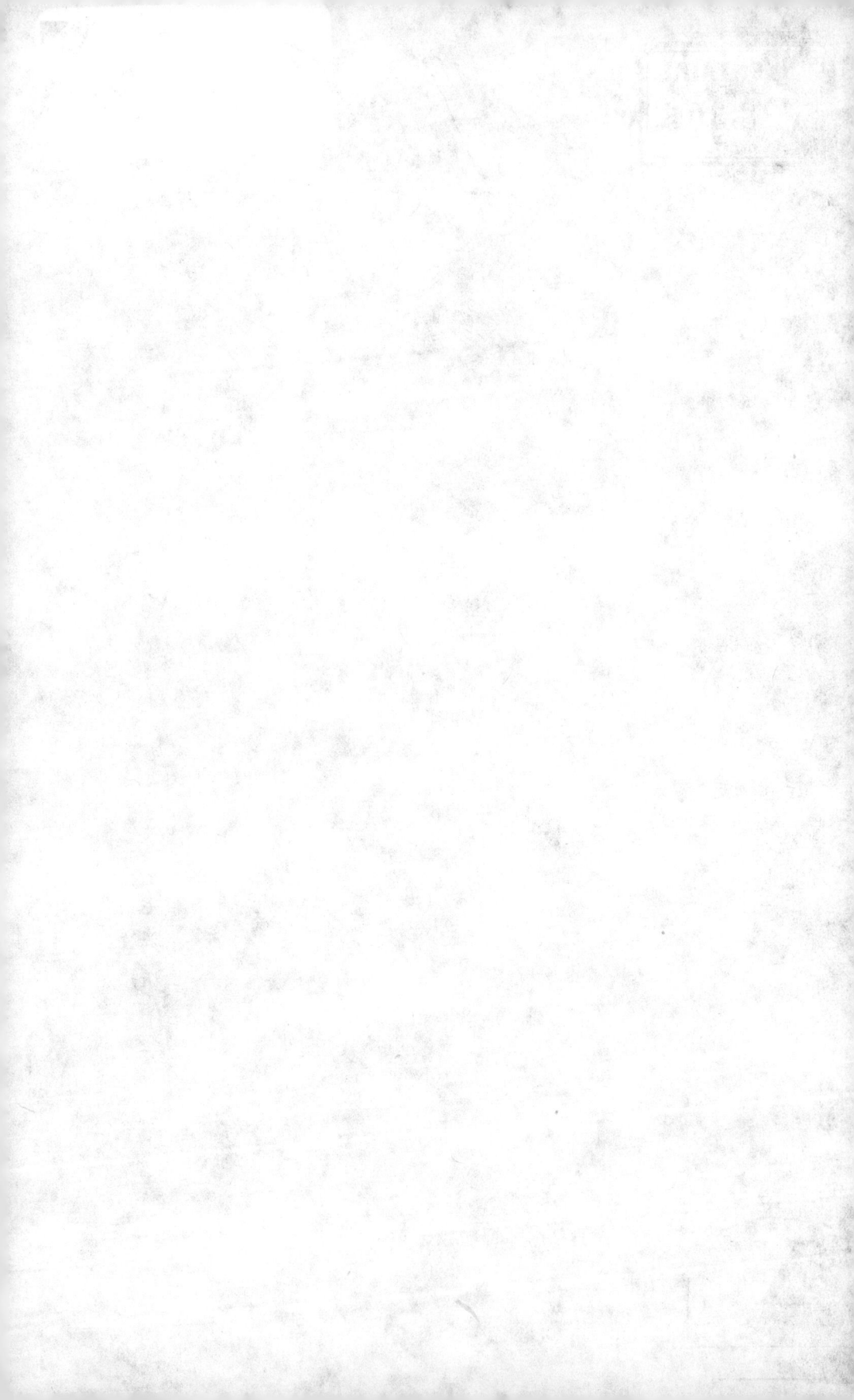

NOUVEAUX EXERCICES
D'ORTHOGRAPHE ET D'ANALYSE

D'APRÈS LHOMOND,

à l'usage des Écoles élémentaires,

SUIVI D'UN

RÉSUMÉ DES PRINCIPES DE GRAMMAIRE.

PAR A.-J. LOYE.

2e ÉDITION.

PARIS

SEVIN, LIBRAIRE, RUE DE LA HARPE, 49.

CHALON-SUR-SAONE

CHEZ L'AUTEUR, FAUBOURG SAINT-COSME

et chez tous les Libraires.

1857

Tout exemplaire non revêtu de la griffe de l'auteur sera réputé contrefait.

Loye

OUVRAGES DU MÊME AUTEUR,

QUI SE TROUVENT AUX MÊMES ADRESSES.

Grammaire française simplifiée. . . . . »í 25ᶜ
Id.   id.   1ʳᵉ partie. . . . . » 15
Nouveaux Exercices d'orthographe et d'analyse, suivis d'un résumé des principes de grammaire. . . . . » 75
Id., sans le résumé de grammaire. . . . . » 65
Petite Grammaire française, ou résumé des principes de grammaire. . . . . » 15
Géographie simplifiée. . . . . » 25
Arithmétique simplifiée. . . . . » 25
    Id.,   divisée en deux parties, chaque partie. . . . » 15
Arithmétique suivie de 1,600 problèmes d'arithmétique. . » 60
Recueil de 1,600 problèmes d'arithmétique. . . . . . . » 40
    Id.   divisé en trois parties; chaque partie. . . . . . » 15
Solutions des 1,600 problèmes d'arithmétique. . . . . . » 15
Méthode de lecture sur un nouveau plan, ornée de 36 vignettes. . . . . » 20
    Id., première partie, comprenant toutes les vignettes. . . . » 10
Eléments de lecture (dits des Conférences) en deux parties. » 15
    Id.   chaque partie. . . . . » 10
Tableau du système métrique. . . . . » 15

Il est accordé des remises aux Instituteurs.

C.

EXERCICES

D'ORTHOGRAPHE ET D'ANALYSE.

1ᵉʳ EXERCICE. — 1, 2 (*).

Comptez les *mots* de l'exercice (**).

Mes bien chers amis! j'ai passé mes plus belles années
parmi des enfants, des jeunes gens comme vous, et avec
eux j'ai appris à vous connaître, à connaître vos besoins,
et à former de bonne heure vos jeunes cœurs à l'amour
de l'ordre et du travail, principe de toute vertu, puisque
avec cet amour vous serez religieux, bons, justes, com-
patissants, en un mot, des enfants, des hommes de bien.
Sans l'ordre et le travail, au contraire, vous serez non-
seulement inutiles à vous-mêmes et aux autres, mais encore une plaie dangereuse dans la société.   (*mots.*)

2ᵉ EXERCICE. — 3, 4.

Indiquez au-dessus de chaque mot le nombre de *voyelles*, jusqu'au mot *coupables*,
et comptez-les.

Oui! mes chers enfants! ayez confiance dans cette voix
amie qui vous parle. Fuyez la paresse et l'oisiveté, source
impure et funeste dont le torrent vous entraînerait jusqu'aux vices les plus bas, les plus dégradants, jusqu'aux
excès les plus *coupables!* Dieu même semble abandonner
celui qui oublie le travail auquel il nous a condamnés dès
l'origine du monde, et dont nul non plus ne peut se soustraire sans s'avilir et manquer à sa noble destinée. La
paresse rend tout difficile et le travail tout aisé; si nous
sommes laborieux, nous ne mourrons jamais de faim. La

(*) Les numéros placés après le mot EXERCICE renvoient aux paragraphes des
principes de grammaire que les élèves devront lire et étudier avec soin.
  (**) L'apostrophe termine toujours la syllabe et le mot.

faim regarde à la porte de l'homme qui travaille, mais
elle n'ose point en franchir le seuil. Les commissaires et
les huissiers respectent également son domicile, car l'acti-
vité paie les dettes, le désespoir et l'oisiveté les augmentent.
Vous n'avez besoin ni de trouver un trésor, ni d'hériter
d'un riche parent; le travail est le père du bonheur, et
Dieu donne tout à ceux qui s'occupent.   (*voyelles.*)

3ᵉ EXERCICE. — 3, 4, 5.

Indiquez au-dessus de chaque mot le nombre de *consonnes*, jusqu'au mot *journée*,
et comptez-les.

Vous me direz peut-être : Ne faut-il donc jamais avoir
de repos? Si fait, mes amis! l'homme laborieux seul se
le procure au contraire. Oh! oui! que la soirée est belle!
que le sommeil est doux et tranquille ; que nous sommes
contents de nous-mêmes, lorsque nous avons rempli notre
journée! Le paresseux n'obtient jamais ce repos, ce contentement ; une voix intérieure le tourmente ; il se méprise, il s'avilit, et bientôt il est à charge à lui-même. Et vous,
mes bons amis! quand vous avez eu le malheur de mé-
contenter ou vos parents ou vos maîtres, quand vous crai-
gnez que quelque faute commise à leur insu leur soit ré-
vélée par quelque propos indiscret, n'entendez-vous pas
aussi cette voix intérieure, qui est la voix de Dieu qui vous
crie que vous avez mal fait? Est-ce que vous êtes tran-
quilles, contents de vous-mêmes, le soir d'une journée
pendant laquelle vous avez oublié ou négligé vos devoirs?
Évidemment non !   (*consonnes.*)

4ᵉ EXERCICE. — 6.

Copiez en séparant les *syllabes*, et comptez-les.

Pour être constamment heureux, aimez encore une
fois le travail, faites bon usage du bien qu'il vous procure. Si votre cœur palpite, bat quelquefois plus fort que
de coutume, que ce soit toujours du plaisir d'avoir fait
une bonne action, et non du remords qu'on éprouve après
avoir commis le mal. De ne pas commettre le mal, c'est
beaucoup, sans doute, mais ce n'est pas assez; nous devons encore faire le bien si nous voulons être agréables à
Dieu et à notre prochain; j'ose même ajouter : et à nous-
mêmes.   (*syllabes.*)

5e EXERCICE. — 6.

Soulignez les monosyllabes, et comptez-les.

Or, que diriez-vous d'un homme qui passe près d'un précipice, qui entend les gémissements, les cris plaintifs d'un malheureux qui vient d'y tomber; il peut le sauver, mais il ne le sauve point; il le laisse périr, sous prétexte que ce n'est pas lui qui l'y a précipité? Vous diriez, avec raison, qu'en pareil cas ce n'était pas assez de n'avoir pas fait de mal à ce malheureux, que cet homme devait lui faire du bien, le sauver, et il ne serait pas moins coupable, à vos yeux, d'une mort qu'il n'avait point provoquée, il est vrai, mais qu'il pouvait éviter. Appliquez-vous donc à faire le bien. Aimez-vous, secourez-vous aussi les uns les autres en classe et partout, comme des frères ne formant qu'une seule famille, cherchez à vous faire plaisir et à vous obliger avec bonté.　　　　　(monosyllabes.)

6e EXERCICE. — 6.

Indiquez le nombre de mots de 1, de 2, de 3, de 4, de 5 syllabes.

Aimez ceux qui vous enseignent comme des pères qui, en éclairant et formant votre esprit, votre cœur, votre jugement, vous donnent sinon la vie du corps, du moins celle de l'âme. Soyez-leur dociles; laissez-vous conduire par eux, recevez avec plaisir et reconnaissance les avis qu'ils vous donnent, et surtout mettez-les en pratique. Enfin, mes bons amis, mon expérience dans l'enseignement, mon grand désir de vous faire connaître vos véritables devoirs, les seuls qui puissent vous procurer le vrai bonheur, me conduiraient à vous dire beaucoup plus de choses que vous ne le pensez; soyez-donc toujours bien attentifs et promettez-moi de mettre chaque jour en pratique les leçons que j'ai à vous donner; autrement toute ma peine serait perdue; car, voyez-vous, mes amis, on ne comprend la vertu que lorsqu'on a déjà commencé à faire le bien.

(Il y a　mots d'une syllabe,　de deux,　de trois,　de quatre,　de cinq.)

7e EXERCICE. — 7.

Indiquez les différentes sortes d'e, et dites combien il y en a.

Eve, notre première mère, pécha. Papa a semé de la salade. Mon canapé sera déplacé. Votre procès sera ga-

gné. Il aura un accès de fièvre. Le café a été préparé. Sa
légèreté lui nuira toute sa vie. Félicité a cassé son dé l'été
passé. Que Geneviève a de grâce! Adèle se lèvera la première. Le père, le curé, la cène, la comète, Thérèse, la
prospérité, le légume, la vanité, l'ébène, le blasphème,
le télégraphe, le prophète, la propreté, la tromperie, la
patrie, la cheminée.

(Il y a   e muets,   é fermés,   è ouverts.)

8ᵉ EXERCICE. — 8.

Indiquez à la suite de chaque mot, par les chiffres 1 ou 2, si l'y grec est employé
pour un seul i ou pour deux i i.

Le polype.	Le crayon.	L'hydre.
Le moyeu.	L'hypocrisie.	Un système.
Le moyen.	Le pays.	Vous payez.
Le style.	L'Egypte.	Il y va.
Ployer.	Un rayon.	L'analyse.
Royaume.	Le cyprès.	Homonyme.
Mystère.	L'hymen.	Le crayon.
Martyr.	Un payeur.	Une hyène.
Paysan.	La dynastie.	Monnayé.
La physique.	Champs-Elysées.	La mythologie.

9ᵉ EXERCICE. — 9.

Indiquez à la suite de chaque mot, par les lettres m ou a, si l'h est muet
ou aspiré.

L'humidité.	L'hirondelle.	L'hiver.
Le hasard.	L'harmonie.	L'hydre.
L'hôte.	L'hameçon.	L'horizon.
La hotte.	La hache.	Le hérisson.
L'hôtel-de-ville.	L'hypocrisie.	La hauteur.
L'humanité.	Les haricots.	La halle.
Des hiboux.	Un hameau.	L'hommage.
Il est hideux.	L'herbe.	La hallebarde.
Des harengs.	L'hirondelle.	Les hommes.
Un chrétien.	La haine.	Les héros.

10ᵉ EXERCICE. — 10.

Mettez la lettre l après tous les mots qui contiennent des voyelles longues.

La pâte, le père, la ville de Mâcon, le chêne, le café,
le Rhône, la patte de l'animal, le pâté, le petit écu, le

samedi, les apôtres, le céleri, la dispute, la pêche, l'al-
côve, la montagne, la fenêtre, l'aumône, le juge, la flûte,
le mur, l'âme, l'âge, le logis, la forêt, l'âne, l'animal,
la tête, le joli écureuil, le gîte.

11ᵉ EXERCICE. — 11, 12.

Mettez les accents qui manquent.

Le Chien.

Le chien, independamment de la beaute de sa forme,
de la vivacite, de la force, de la legerete, a par excellence
toutes les qualites exterieures qui peuvent lui attirer les
regards de l'homme ; un naturel ardent, colere, meme
feroce et sanguinaire, rend le chien sauvage, redoutable
à tous les animaux, et cede, dans le chien domestique,
aux sentiments les plus doux, au plaisir de s'attacher et
au desir de plaire ; il vient en rampant mettre aux pieds de
son maitre son courage, sa force, ses talents ; il attend
ses ordres pour en faire usage ; il le consulte, il l'interroge,
il le supplie ; un coup d'œil suffit, il entend les signes de
sa volonte.

12ᵉ EXERCICE. — 13, 14, 15, 16.

**Mettez les apostrophes, les cédilles, les trémas et les traits-d'union
qui manquent.**

Saul, premier roi d'Israel, fut sacré par Samuel. Moise
recut de Dieu les tables de la loi, sur le mont Sinai. Lé-
goisme est haissable. La naiveté est une qualité. Ignores-
tu que tu ne saurais faire un pas sur la terre sans trouver
un devoir à remplir. L'hôpital des Quinze Vingts. Pierre le
Grand leur apprit à obéir. J'ai vu un bel arc en ciel. La
cigue est une plante dangereuse. Cette lecon nest pas
facile. Vous courez çà et là. Les paiens ne connaissent
point la charité. Ce macon a badigeonné la facade de la
maison.

13ᵉ EXERCICE. — 17, 18.

Indiquez les signes de ponctuation et comptez-les.

Quelle étude est plus attachante que celle des phé-
nomènes de la terre, du feu, de l'eau, de l'air, et de la

distribution des êtres organisés sur le globe ! Quel enseignement est plus capable d'agrandir les idées de la jeunesse et d'élever son âme ! c'est l'histoire de la nature, vue dans son admirable ensemble ; c'est le tableau général des merveilles que Dieu a répandues en profusion autour de nous ; c'est l'objet des premières curiosités d'un esprit bien dirigé et avide de connaître. Livrez-vous donc avec zèle, jeunes élèves, à l'étude de la nature : elle reposera doucement votre âme ; elle sera l'ornement le plus solide de votre esprit, son plus grand charme, sa plus grande consolation !

Il y a virgules, points-virgules, deux points, points, points d'exclamation.

LE NOM.

14e EXERCICE. — 20.

Soulignez les noms et comptez-les.

Le ciel, la terre, les eaux, l'homme, les animaux, les plantes, tout montre un Dieu créateur ; c'est lui qui a formé les merveilles qui sont sous nos yeux. Nous ne le voyons pas, mais nous sentons, nous reconnaissons sa puissance jusque dans le moindre insecte perdu dans la poussière. Si nous trouvions dans une plaine une belle maison, d'une architecture régulière, avec des appartements commodément disposés et décorés avec magnificence, nous nous dirions aussitôt : des hommes ont bâti cette maison ; ils l'ont meublée, ils l'ont décorée. (noms.)

15e EXERCICE. — 20.

Soulignez les noms et comptez-les.

Eh bien ! mes enfants, en regardant les cieux, les étoiles, le soleil qui brille avec tant d'éclat, la terre qui est couverte de tant de merveilles, disons-nous aussi : toutes ces choses n'ont pu se produire d'elles-mêmes, l'homme n'a pu les faire ; il y a donc un être plus puissant qui les a créés, cet être c'est Dieu, l'auteur de tout ce qui existe. Dieu est notre père, mais c'est un père tendre et vigilant, qui ne nous abandonne pas d'une minute; il nous envoie chaque jour la lumière qui nous éclaire et le pain qui nous nourrit. Et que demande-t-il pour tant de bienfaits? il veut que nous l'aimions. Ah! combien nous serions ingrats et coupables si nous nous refusions à ses désirs, si nous lui fermions notre cœur! C'est de lui que tout vient; c'est à lui que nous devons rapporter tous nos sentiments et tout notre amour. (noms!)

16e EXERCICE. — 20.

Ecrivez tous les noms des deux exercices précédents : 1º les noms de personnes; 2º les noms d'animaux; 3º les noms de choses.

17e EXERCICE. — 21.

Soulignez les noms et mettez un c après les noms *communs* et un p après les noms propres; mettez une majuscule aux noms propres.

Le chameau, le lion, la panthère, l'éléphant, le rhinocéros, le tigre, l'hyène, le crocodille, se trouvent abondamment en afrique et en asie; on rencontre sur le continent africain des troupeaux de gazelles, de girafes, d'autruches et de singes. C'est dans pascal, corneille, racine, despréaux, bossuet, fléchier, fénelon, madame de sévigné, etc., qu'on doit étudier la langue française si l'on veut en connaître à fond toutes les beautés. clovis est le premier roi chrétien, et le véritable fondateur de la monarchie des francs, peuple venu des bords du rhin. Il prit paris et y fit sa résidence; il gagna près de poitiers une bataille importante livrée contre alaric, roi des Visigoths.

18e EXERCICE. — 21.

Comme l'exercice précédent.

charlemagne, fils de pépin-le-bref, rétablit l'empire d'occident. Ses états s'étendaient de l'èbre, fleuve d'espagne, jusqu'à la mer baltique, et de l'océan atlantique jusqu'au danube et aux monts krapacks; aix-la-chapelle en était la capitale. Le bœuf est peut-être le plus utile des animaux; il fait toute la force de l'agriculture. Sa viande nourrit l'homme, sa peau sert à faire des souliers et des harnais; ses cornes se façonnent en lames pour les lanternes, en peignes, en boîtes, en manches de couteaux; ses

os donnent du bouillon ou du noir animal ; son sang entre
dans la confection de la couleur bleue ; on l'emploie aussi
pour raffiner le sucre. hugues-capet fut le chef de la race
des capétiens. A cette époque la france était divisée en
huit grandes souverainetés, savoir : duchés ou royaume
de france, duché de bourgogne, de bretagne, de normandie, d'aquitaine, et comtés de flandre, de champagne et
de toulouse.

19ᵉ EXERCICE. — 23.

Ecrivez tous les noms communs des exercices 17ᵉ et 18ᵉ, 1ᵒ les noms masculins,
2ᵒ les noms féminins.

20ᵉ EXERCICE. — 23.

Soulignez les noms et mettez un *m* après les noms *masculins* et un *f* après les
noms *féminins*.

Les Plantes.

Mes enfants, admirez les plantes qui naissent de la terre :
elles fournissent des aliments aux hommes sains et des
remèdes aux malades. Leurs espèces et leurs vertus sont
innombrables. Elles ornent la terre ; elles donnent de la
verdure, des fleurs odoriférantes et des fruits délicieux.
Voyez-vous ces vastes forêts qui paraissent aussi anciennes
que le monde ? Ces arbres s'enfoncent dans la terre par
leurs racines, comme leurs branches s'élèvent vers le ciel.
Leurs racines les défendent contre les vents, et vont chercher, comme par de petits tuyaux souterrains, tous les
sucs destinés à la nourriture de leur tige. La tige elle-
même se revêt d'une écorce qui met le bois tendre à l'abri
des injures de l'air. Les branches distribuent en divers
canaux la sève que les racines avaient réunie dans le tronc.

21ᵉ EXERCICE. — 23.

Comme l'exercice précédent.

Les Plantes. (Suite et fin.)

En été, ces rameaux nous protègent de leur ombre
contre les rayons du soleil. En hiver, ils nourrissent la
flamme qui conserve en nous la chaleur naturelle. Leur
bois n'est pas seulement utile pour le feu ; c'est une matière douce, quoique solide et durable, à laquelle la main

de l'homme donne sans peine toutes les formes qu'il lui plaît pour les plus grands ouvrages de l'architecture et de la navigation. De plus, les arbres fruitiers, en penchant leurs rameaux vers la terre, semblent offrir leurs fruits à l'homme. Les arbres et les plantes, en laissant tomber leurs fruits ou leurs graines, se préparent autour d'eux une nombreuse postérité. La plus faible plante, le moindre légume, contient en petit volume, dans une graine, le germe de tout ce qui se déploie dans les plus hautes plantes et dans les plus grands arbres. La terre, qui ne change jamais, fait tous ces changements dans son sein.

22e EXERCICE. — 23.

Écrivez tous les noms des exercices 14e et 15e, 1o les noms *masculins;* 2o les noms *féminins.*

23e EXERCICE. — 24.

Soulignez les noms et mettez *s* après les noms *singuliers,* et *p* après les noms *pluriels.*

La Conscience.

La conscience fournit une seconde preuve de l'immortalité de notre âme. Chaque homme a au milieu du cœur un tribunal où il commence par se juger lui-même, en attendant que l'arbitre souverain confirme la sentence. Si le vice n'est qu'une conséquence physique de notre organisation, d'où vient cette frayeur qui trouble les jours d'une prospérité coupable? Pourquoi le remords est-il si terrible, qu'on préfère souvent de se soumettre à la pauvreté et à toute la rigueur de la vertu, plutôt que d'acquérir des biens illégitimes? Pourquoi y a-t-il une voix dans le sang, une parole dans la pierre? Le tigre déchire sa proie et dort; l'homme devient homicide et veille.

24e EXERCICE. — 24.

Comme l'exercice précédent.

La Conscience. (Suite et fin.)

L'homme cherche les lieux déserts, et cependant la solitude l'effraie; il se traîne autour des tombeaux, et cependant il a peur des tombeaux. Son regard est inquiet et mobile ; il n'ose fixer le mur de la salle du festin, dans la crainte d'y voir des caractères funestes. Tous ses sens semblent devenir meilleurs pour le tourmenter; il voit au milieu de la nuit des lueurs menaçantes; il est toujours environné de l'odeur du carnage ; il découvre le goût du poison jusque dans les mets qu'il a lui-même apprêtés; son oreille, d'une étrange subtilité, trouve le bruit où tout le monde trouve le silence; et, en embrassant son ami, il croit sentir sous ses vêtements un poignard caché.

25ᵉ EXERCICE. — 20, 21, 22, 23, 24.

Soulignez les noms et faites-en l'analyse, en disant l'espèce, le genre et le nombre.

L'esprit de Jésus est un esprit de charité, de modestie, de miséricorde et de paix. Apprenez de moi, dit-il, que je suis doux et humble de cœur. A son exemple, faisons le bien, et ne cherchons point à être connus. Accueillons tout le monde avec bonté, ne rebutons personne. Ménageons les imparfaits, ne désespérons pas des plus méchants. Bannissons de nos discours les contentions, les animosités, les murmures. Fuyons les bruits et la dissipation du monde. Comme le doux Jésus, nous serons alors les enfants bien-aimés du Père céleste; son Esprit se reposera en nous, et nous aurons part aux bénédictions et aux tendresses de son cœur.

26ᵉ EXERCICE. — 20 à 24.

Comme l'exercice précédent.

Il est beau, mes chers enfants, d'apprendre à lire, à écrire, à compter et à connaître sa langue, mais il est bien plus beau encore d'apprendre à être bons, sages et vertueux. Avec de la science et de l'esprit on peut quelquefois être un fort mauvais sujet; avec de la sagesse et un bon cœur, on sera toujours un homme de bien. N'allez pas croire, cependant, que je veuille dire par là que l'instruction n'est pas nécessaire à l'homme; je suis bien loin d'avoir cette pensée, je voulais seulement vous faire sentir qu'à l'instruction il faut joindre l'éducation, c'est-à-dire qu'en acquérant des connaissances il faut aussi que vous acquériez des vertus.

27ᵉ EXERCICE. — 20, 21, 22, 23, 24.

Écrivez sur quatre colonnes les noms des exercices 24ᵉ, 25ᵉ et 26ᵉ, 1° les noms masculins singuliers; 2° les noms masculins pluriels; 3° les noms féminins singuliers; 4° les noms féminins pluriels.

28ᵉ EXERCICE. — 25.

Écrivez au singulier et au pluriel les noms ci-après (*la plume*, *les plumes*) :

La plume, l'aile, l'oie, le lit, l'église, le chiffon, la bâtisse, le verre, le vin, l'eau, le juif, la moisson, la vendange, le fils, l'avis, le talent, le nez, le défaut, le vice, le méchant, la croix, le crucifix, le siècle, la perdrix, le repas, la chèvre, la mer, la mère, le soir, le discours, le taudis, le canif, le magasin, la noix, le verglas, le canard, la vipère, le fil, le bois, le tapis, le prix, la jambe, la souris, la fontaine, le nid, le riz, le radis.

29ᵉ EXERCICE. — 25.

Formez le pluriel des noms en italique.

La Religion.

Qu'est-ce que la Religion ? une philosophie sublime qui démontre l'ordre, l'unité de la nature, et explique l'énigme du cœur humain; le plus puissant mobile pour porter l'homme au bien, puisque la foi le met sans cesse sous l'œil de la Divinité et qu'elle agit sur la volonté avec autant d'empire que sur la pensée; un supplément de la conscience, qui commande, affermit et perfectionne toutes les *vertu*, établit de nouveaux *rapport* de bienfaisance sur de nouveaux *lien* d'humanité, nous montre dans les *pauvre* des *créancier* et des *juge*; des *frère* dans nos *ennemi*, dans le Tout-Puissant un père; la religion du cœur, la vertu en action, le plus beau de tous les *code* de morale, et dont tous les *précepte* sont autant de *bienfait* du Ciel.

30ᵉ EXERCICE. — 25, 26, 27.

Écrivez au singulier et au pluriel les noms ci-après (*la porte*, *les portes*) :

La porte, le couteau, le secours, le bateau, le sou, le vaisseau, le chapeau, le siècle, le sceau, le pieu, le ha-

meau, le neveu, l'aveu, le bijou, le trou, le verrou, le joujou, le verglas, le filou, le soleil, l'étoffe, le fou, le lion,
le chien, le sapajou, le milieu, le coq, le pou, le refus, le
verrou, le tas, le pays, le coucou, l'abcès, le rideau, la
peau, le hibou, le nœud, l'oiseau, le chou, le bois, le roi,
le pruneau, le haricot, le tonneau.

31ᵉ EXERCICE. — 25, 26, 27.

Soulignez les noms pluriels et mettez la marque du pluriel qui manque.

Les distraction des enfant rendent inutiles les soin des
maître. Ma brebis est de toutes les brebis la plus douce et
la plus belle. Le mois de mai est le plus agréable de tous
les mois de l'année. Les avis que les parent donnent aux
enfant ont toujours leur bonheur pour objet. Les chameau
portent des fardeau pesants et restent plusieurs jour sans
boire ni manger. Les Hébreu portaient des manteau. Les
feu allumés sur les lieu élevés servent de signau aux na-
vigateur errants sur les eaux. Les ruisseau les plus lim-
pides sont ceux qui coulent sur les caillou. Les bambou
sont de grands roseau des Inde. Rien n'est malin comme
les sapajou.

32ᵉ EXERCICE. — 25, 26, 27.

Soulignez les noms et corrigez les fautes que vous reconnaîtrez.

Le pain nourrit le corps : la vérité nourrit l'esprit. Rien
de plus nuisible à la santé du corps qu'un aliment cor-
rompu et empoisonné : rien de plus funeste au salut de
l'âme qu'une doctrine erronée et impie. Vous écartez avec
horreur le poison de vos lèvre : pourquoi accueillez-vous
avec plaisir ces maxime pernicieuses que l'impiété pro-
page autour de vous? Elles caressent et flattent vos passion, mais elles renferment un levain d'amertume et de
mort. La loi de Dieu, au contraire, est esprit et vie, joie
et douceur; faites-en, par la prière, par la méditation, par
de bonnes lecture, votre pain de chaque jour. Car il est
écrit : L'homme ne vit pas seulement de pain, mais encore de toute parole qui sort de la bouche de Dieu.

33ᵉ EXERCICE. — 25, 26, 27, 28, 29.

Écrivez les noms suivants au singulier et au pluriel (*le soldat, les soldats*) :

Le soldat, le progrès, le gaz, le tonneau, l'arbrisseau, le neveu, le genou, le coucou, le tribunal, le caporal, un général, un local, un bail, le bal, le fils, un signal, le régal, un chou, un éventail, le détail, le corail, le métal, le fruit, le hibou, le rideau, le verrou, le secours, le riz, le tamis, le bocal, le cou, l'hôpital, le vitrail, un camail, le temps, le local, le cardinal, le vantail, l'œil, un émail, un bercail, le carnaval.

34ᵉ EXERCICE. — 23 à 29.

Écrivez les noms ci-après aux deux genres et aux deux nombres, avec les mots *le, la, les.*

Père, papa, frère, oncle, cousin, nièce, grand-père, bœuf, âne, jument, chat, lion, tigre, canard, chien, louve, poule, cerf, bouc, cochon, sanglier, maître, abbé, comte, homme, chanoine, garçon, prophète, juif, berger.

35ᵉ EXERCICE. — 25 à 31.

Corrigez les noms en italiques et complétez ceux qui sont terminés ou remplacés par le signe —

Henri IV comptait saint Louis et Philippe-Auguste parmi ses *aïeu*. Il y a des *ail* cultivés et des a — sauvages. La taupe n'est point aveugle, elle a des — très-petits. L'immensité des c — confond l'imagination. L'œil de Dieu nous suit dans toutes nos *action*. C'est par accident que cet aveugle a perdu les deux —. Les petits *trou* ronds que l'on aperçoit sur la soupe grasse s'appellent des —; les *trou* du fromage sont aussi des —. On se repose en changeant de trav —. Les trav — du corps délassent de ceux de l'esprit. Pour ferrer les chev — fougueux il faut les placer dans des trav —. Le ministre de la justice et celui de la marine ont fait aujourd'hui de longs tra — avec l'Empereur.

36ᵉ EXERCICE. — 20 à 21.

Soulignez les noms et faites-en l'analyse de cette manière : Dieu, nom p. m. s.

Dieu étend sa main sur nous et veille à nos besoins.
Pourquoi nous défier de sa bonté ? N'est-il pas notre père ?
Celui qui nourrit les petits oiseaux laissera-t-il ses enfants
manquer du nécessaire ? Les gens du siècle s'inquiètent,
se troublent, raisonnent sans fin : comment cela se pour-
ra-t-il ? L'homme de Dieu, au contraire, le vrai chrétien
n'hésite point : il se confie pleinement en la parole du
Tout-Puissant. N'a-t-il pas dans les trésors de sa providence des moyens secrets de nous secourir ? Ne peut-il pas,
quand il lui plaît, changer les pierres en pain ? Courage
donc, mes enfants, servez-le fidèlement, priez-le avec foi,
et il fera pour vous au-delà même de vos désirs.

37ᵉ EXERCICE. — 25 à 31.

Traduisez au pluriel les noms, à l'exception de ceux en italiques.

Le soldat de l'armée du *prince*. Le vaisseau de l'amiral.
Le fanal du vaisseau. Le travail de l'enfant. Le cheveu et
la *barbe*. Le caporal et le sergent du *poste*. Le maréchal, le
général et le colonel. Le puits du jardin. Le bois de la
forêt. Le lynx, le rat, la taupe et la souris. Le corail du
collier. Le bail de la maison. L'ail du potager. Le travail
de l'artisan. Le signal du commandant. La vertu de l'aïeul.
L'œil du maître. Le canal de la contrée. La négociation du
général. La leçon de l'élève du maître. Le rossignol et la
fauvette. Le rival du prince.

38ᵉ EXERCICE. — 25 à 31.

Écrivez au singulier les noms qui sont au pluriel.

Les puits des jardins. Les rubis du vin. Les vaisseaux
de l'amiral. Les perruques des vieillards. Les villes et les
hameaux. Les bois des forêts. Les maximes des philoso-
phes. Les bateaux et les navires. Les dervis et les druides.
Les fils et les filles. Les surplis des chantres. Les couleurs
des lambris. La voûte des cieux. Les routes des bois. Les
négociations des généraux. Les négligences des paresseux.
Les clochers des églises des villages. Les croix des cime-

tières. Les originaux des copies. Les maux de la guerre.
Les taureaux des hameaux. Les trous des bas. Les vis des
roues. Les crucifix. Des bras. Des compas. Des prix.

39ᵉ EXERCICE. — 25 à 31.

Écrivez les noms suivants au singulier et au pluriel : *son discours, ses discours.*

Ses discours, le hameau, un filou, mon genou, mes
bas, ces tapis, le clou, un pou, son recours, ce noyau, un
journal, les Anglais, les secours des gouvernements, un
amiral, les commis, des croix, des noix, ce tuyau, ce clou,
un hibou, notre bocal, les canaux, le cheveu, des procès,
ces riz, ton joujou, l'hôpital, les pays, des perdrix, un
cardinal, deux bocaux, le carnaval, les maux, les cieux,
ces travails, les œils-de-bœuf, un éventail, un vitrail, le
neveu, du chou, les oiseaux, les aïeux, le tonneau.

40ᵉ EXERCICE. — 20 à 31.

Soulignez les noms et analysez-les.

Les œuvres merveilleuses que Jésus-Christ opérait exté-
rieurement sur les corps, il ne cesse point de les opérer
d'une manière spirituelle et invisible sur nos âmes. Sommes-
nous aveuglés par l'ignorance ou l'erreur, son esprit nous
éclaire. Notre marche est-elle chancelante dans la voie du
bien, sa main raffermit nos pas. La lèpre du péché ronge-
t-elle notre âme, il la guérit par les sacrements. Sommes-
nous sourds à sa parole, à ses inspirations, il vient tou-
cher, ouvrir l'oreille de notre cœur. Quand nous sommes
morts par l'iniquité, il nous tire du tombeau, nous ressus-
cite par sa grâce. Quand nous sommes pauvres, faibles,
délaissés, il nous fortifie par ses consolations.

41ᵉ EXERCICE. — 20 à 31.

Soulignez les noms et faites-en l'analyse.

Combat du Taureau.

Le signal se donne, la barrière s'ouvre, le taureau s'é-
lance au milieu du cirque ; mais, au bruit de mille fanfares,
aux cris, à la vue des spectateurs, il s'arrête, inquiet et
troublé ; ses naseaux fument ; ses regards brûlants errent
sur les amphithéâtres ; il semble également en proie à la

surprise, à la fureur. Tout à coup il se précipite sur un ca-
valier qui le blesse et fuit rapidement à l'autre bout. Le
taureau s'irrite, le poursuit de près, frappe à coups redou-
blés la terre, et fond sur le voile éclatant que lui présente
un combattant à pied.

42ᵉ EXERCICE. — 20 à 31.

Soulignez les noms et analysez-les.

La religion est la sauve-garde de l'homme, des nobles
sentiments, des bonnes mœurs ; c'est le premier de tous
les devoirs, puisque c'est au Créateur qu'il doit être rendu ;
c'est l'hommage de nos pensées, de nos œuvres, de nous-
mêmes au père commun ; c'est dans elle que vous trouverez votre force, vos vertus. Que l'humilité inspire vos actes
et plane sur vos pensées ; elle enrichit le cœur, elle élève
l'âme et donne à l'homme toute sa dignité. Rappelez-vous
que l'ordre et le silence doivent toujours régner dans
l'école ; que vous devez y être religieux, appliqués, polis,
travailleurs, et vous y faire remarquer par votre bonne
tenue et par la propreté.

L'ARTICLE.

43ᵉ EXERCICE. — 32, 33, 34.

Mettez le, la, les devant les noms, selon le genre et le nombre.

Le père, — mère, — deux frères, — daim, — biche,
— fils et — fille, — douze fils de Jacob, — chien et —
chat, — trois portes de — ville, — cheval, — chevaux,
— jument, — maître, — maîtresse, — puissance divine,
— dix commandements de Dieu, — cent hommes de garde.
Tous — ans — hirondelles émigrent. — beaux jardins.
— feu couve sous — cendres. — caporaux instruisent
— soldats. — bois cachent — animaux. — croix sur-
monte — portail. — étoiles brillent dans — ciel. — gou-
vernail conduit — vaisseaux. — cheval galope. — bateau
a péri. — haie repousse. — honte suit — faute. — hêtre
reverdit. — fauvette chante sous — feuillée. — chêne
ombrage — roseau. — barque vogue sur — rivière. —
charrue. — herse.

44ᵉ EXERCICE. — 34, 35, 36.

Mettez les articles *le*, *la*, *les*, *du*, *des*, *au*, *aux*, suivant le genre et le nombre.

L— langage d— cœur et de l— vérité est celui que l—
enfants doivent toujours faire entendre. Prenons garde
a— mauvais exemples. Il y a d— fruits dans toutes l—
saisons. Il est d—vertus pour tous l— âges. Ne repoussez
point la prière d— malheureux qui vous demandent d—
pain. L— douceur et l— docilité sont l— premières vertus d— enfants. L— hommes s'attachent a— lieux qui les
ont vus naître, et cet amour de la patrie a fait d— héros.
Il faut d— pierres, d— plâtre, de l— chaux pour construire des maisons. Ces maisons sont fermées par d— portes
et d— fenêtres. En gravissant jusqu'a— sommet d— col-
lines, on découvre a— loin d— villages, d— champs,
d— eaux et d— forêts. Ne cédons point a— pernicieux
conseils d— faux amis. La jalousie produit l— haine et
l— autres passions qui causent l— malheur d— hommes.
L— monarque d— plus grand empire d— monde est
sujet a— douleurs, a— peines, a— afflictions, aussi bien
que l— dernier de ses sujets; comme tous l— autres
hommes, il sera cité a— tribunal d— souverain juge d—
vivants et d— morts.

45ᵉ EXERCICE. — 34, 35, 37.

Mettez les articles convenables à la place du tiret.

Dieu donne à tous l— moyens de salut, a— hérétiques
comme a— infidèles, a— barbare comme à — homme
civilisé, a— sauvage comme à — habitant des cités. Dans
l— pays montagneux, l—aspect imposant de la nature
donne une idée de — grandeur d— Créateur. —enfant
docile est — joie de sa mère. On n'est jamais parvenu —
sommet d— hautes montagnes de —Hymalaya. La Providence prodigue surtout ses grâces — hommes qui ont —
volonté droite et — cœur bien disposé. L—usage d—
armes à feu date d— XIIIᵉ siècle. On vit des canons pour
la première fois à l— bataille de Crécy. L— corruption
des mœurs, la perte de l— foi et —irréligion sont —

source de — plupart d— maux qui affligent — humains. L—honnête homme doute rarement d— honneur d'autrui.

46ᵉ EXERCICE. — 34, 35, 37.

Faites passer successivement les noms ci-après par les trois formes : 1º *le, la, les*; 2º *du, de la, des* ; 3º *au, à la, aux*. EXEMPLE : l'âge, de l'âge, à l'âge.

Age, prairie, fête, faîte, genoux, journal, journaux, haricots, orgueil, oiseaux, lait, laie, maréchal, général, Hâvre, autruche, itinéraire, bouteille, pain, prairies.

47ᵉ EXERCICE. — 36, 38.

Faites l'élision ou la contraction de l'article.

Le art, la île, le hiver, la oreille, la hôtesse, le éloge, la enclume, le habit, le incendie, la haleine, le uniforme, le œuf de la autruche, le ombrage de le arbre, la aiguille de la horloge, la oreille de la hyène, le œil de le ours, le escalier de le hôtel, la humidité de le hiver, le fruit de les arbres. Le jeu plaît à les enfants. Mon frère joue de le violon. La corne de le chamois. Regardez la heure à le cadran. Le devoir de les riches est de secourir les pauvres. Le royaume de les cieux est à les pauvres. J'ai mal à les yeux, à les dents, à le pied. Le habit de le pauvre est déchiré. Le lièvre échappe à le chien. Le aigle de les Alpes fait la chasse à les agneaux, à les lièvres, à les marmottes.

48ᵉ EXERCICE. — 35, 36, 37, 38.

Mettez à la place de l'apostrophe la lettre qu'elle remplace et décomposez les articles contractés.

L'écolier, l'école, l'homme, l'honnêteté, l'amitié, l'arbre, l'image, l'ouvrage, l'hiver, l'abeille, l'étoile. L'appartement, l'officier, l'action, l'allumette, l'amadou, l'animal, l'espérance, l'âge, l'air, l'ancre, l'encre, l'arrosoir, l'autel, l'hôte, l'auberge, l'encrier, l'écritoire, l'huile, l'orage. La chair du bœuf est plus nourrissante que celle du veau. Les fleuves descendent des montagnes. Salomon donna au temple du Seigneur une grande magnificence. Dieu nous rendra ce que nous donnons aux pauvres. Les hommes justes vont au ciel. La gelée est nuisible aux fleurs. On donnera des récompenses aux enfants laborieux. Dieu dira aux damnés : Allez, maudits, au feu éternel. C'est dans le jeune âge qu'il faut surtout faire attention aux avis et se montrer docile aux conseils. Dieu donne à tous des moyens de salut : aux petits comme aux grands, aux ignorants comme aux savants.

49ᵉ EXERCICE. — 32, 33.

Soulignez les articles et dites combien il y en a de chaque sorte.

Le Prêtre.

Les prêtres sont les ministres de Jésus-Christ, les dispensateurs des mystères de Dieu ; c'est à eux que l'Eglise a confié le soin de nos âmes. Quel respect ne leur devons-nous pas pour un si sublime caractère ! Quelle reconnaissance et quel amour pour tant de grâces dont ils sont les perpétuels distributeurs ! C'est le prêtre, en effet, qui, à notre naissance, nous régénère par l'eau du baptême et nous fait enfants de Dieu, frères de Jésus-Christ, héritiers du ciel. C'est le prêtre qui, dès nos plus tendres années, nous initie aux éléments de la foi, ouvre notre ame à la connaissance et à l'amour du bien ; jette en elle les premières semences de la vertu, la rend digne du banquet divin de l'Eucharistie, et pose ainsi le plus solide fondement de notre bonheur dans cette vie et dans l'autre.

Il y a   articles simples,   articles contractés et   articles élidés.

50ᵉ EXERCICE. — 20 à 40.

Soulignez les *noms* et les *articles*, et analysez-les, jusqu'à *nos droits*.

Le Prêtre. (Suite.)

C'est le prêtre qui, chaque matin, ouvre les cieux sur nos têtes, fait descendre Jésus-Christ sur l'autel, et immole de ses mains l'auguste victime qui ôte les péchés du monde. Sept fois le jour il élève son cœur et ses prières pour nous vers Dieu. Au saint tribunal, il nous absout de nos crimes et nous rend notre innocence et *nos droits*. Sommes-nous malades, il accourt pour nous munir de l'onction sainte et du pain des forts. A notre dernière heure, il se tient à nos côtés, nous protége contre la crainte de la mort et les assauts de l'enfer, et donne à notre âme cet essor suprême qui doit la conduire dans le sein de Dieu. Oui, les mains du prêtre sont vraiment toutes pleines des dons de la grâce et des richesses du ciel.

51e EXERCICE. — 20 à 40.

Soulignez les *noms* et les *articles*, et analysez-les, jusqu'à *le défend.*

Le Prêtre. (Suite et fin.)

Allons donc à lui avec respect, amour et confiance; allons-y souvent : après avoir péché, pour nous réconcilier avec Dieu ; dans nos peines, pour retrouver la joie et la paix ; dans nos tentations et nos doutes, pour recevoir la lumière et la sagesse de ses conseils. Il est notre guide, notre consolateur, notre ami, notre père ! Gardons-nous de juger et de critiquer sa conduite, l'Apôtre nous *le défend.* C'est assez que Dieu doive lui demander compte un jour de son redoutable ministère. Efforçons-nous plutôt, par notre docilité et la sainteté de nos mœurs, d'alléger son fardeau, de faire fructifier sa parole en nous, et de lui rendre ainsi plus facile ce compte rigoureux qu'il aura à subir touchant le salut de nos âmes.

L'ADJECTIF.

52e EXERCICE. — 41, 42, 43.

Soulignez les adjectifs qualificatifs et comptez-les.

Le bon Dieu aime les enfants sages. Le joli oiseau, la belle cage, le beau jardin, le blé mûr, l'enfant docile et aimable, le clocher élevé, la petite chambre, la cheminée étroite, le vin rouge, la véritable amitié, le canal profond, la rose rouge, le vaste désert, l'animal sauvage, la belle petite maison neuve, la fête charmante, l'histoire ancienne, le pré vert, le garçon gai, le melon excellent, l'habit neuf et bleu, la petite chaumière, la robe déchirée, la nuit noire, l'homme savant, le manteau gris, la chemise étroite, la rivière profonde. (*adj. qual.*)

53ᵉ EXERCICE. — 41, 42, 43.

Soulignez les adjectifs qualificatifs et comptez-les.

Une lumière trop vive, un feu trop ardent, un trop grand bruit, une odeur trop forte, un mets insipide ou grossier nous blessent ou nous nuisent, au lieu qu'une couleur délicate, une saveur agréable, nous flattent délicieusement. Dieu est juste et bon, il récompense l'homme vertueux et punit l'homme méchant. La religion chrétienne est une douce et bienfaisante lumière. L'homme bienfaisant est l'homme le plus utile. Les Lapons sont petits, laids, difformes, paresseux, ignorants et presque sauvages; ils passent l'été dans de pauvres cabanes et l'hiver dans des souterrains humides et malsains. On aime les enfants propres, dociles et obéissants. Consultez les personnes sages et prudentes. (*adjectifs qualificatifs.*)

54ᵉ EXERCICE. — 41, 42, 43.

Soulignez les adjectifs qualificatifs et comptez-les.

Le Ciel.

Il est temps d'élever nos yeux vers le ciel. Quelle puissance a construit au-dessus de nos têtes une si vaste et si superbe voûte? Quelle étonnante variété d'admirables objets! C'est pour nous donner un beau spectacle qu'une main toute puissante a mis devant nos yeux de si grands et de si éclatants objets. Tantôt nous voyons un azur sombre, où les feux les plus purs étincellent; tantôt nous voyons dans un ciel tempéré les plus douces couleurs, avec des nuages que la nature ne peut imiter; tantôt nous voyons des nuances de toutes les figures et de toutes les couleurs les plus vives qui changent à chaque moment cette décoration par les plus beaux accidents de lumière. (*adjectifs qualificatifs.*)

55ᵉ EXERCICE. — 43, 46.

Soulignez les adjectifs *qualificatifs* d'un trait, et les adjectifs *possessifs* de deux traits, et comptez-les.

L'Écureuil.

L'écureuil est un joli petit animal qui n'est qu'à demi sauvage, et qui, par sa gentillesse, par sa docilité, par l'innocence de ses mœurs, mériterait d'être épargné. Sa nourriture ordinaire consiste en des fruits, des amandes, des noisettes, de la farine et du gland ; il est propre, leste, vif, très-alerte, très-éveillé, très-industrieux ; il a les yeux pleins de feu, la physionomie fine, le corps nerveux, les membres très-dispos ; sa jolie figure est encore rehaussée, parée par une belle queue en forme de panache, qu'il élève jusque par-dessus sa tête, et sous laquelle il se met à l'ombre.

Il y a   **adjectifs qualificatifs** et   **adjectifs possessifs.**

56ᵉ EXERCICE. — 46.

Remplacez le tiret par un adjectif possessif.

Honore — père et — mère ! Mes enfants, obéissez à — parents et à — maîtres. Cet enfant rend — parents contents par — bonne conduite et — application. Dieu dit à Adam : Tu arroseras la terre de — sueur ; ce n'est qu'en la dépouillant de — ronces et de — épines que tu arracheras de — sein — pain de chaque jour. Dieu sonde — cœur, aucune de — pensées ne lui reste inconnue. Heureux l'élève auquel — travail, — application et — bonne conduite ont mérité l'affection de tous — maîtres. Pardonnez aux hommes — offenses. La religion prodigue — consolations aux infortunés qui versent — peines dans — sein. Un bon père aime — enfants, mais il n'aime pas — défauts. Aimez — camarades, mais n'aimez pas — défauts. Dieu accorde — biens à ceux qui glorifient — nom et qui mettent — confiance en — providence et en — infinie miséricorde. Une bonne mère ne vit que pour — enfants ; elle place — bonheur dans — succès.

57ᵉ EXERCICE. — 43, 46.

Comme l'exercice 55.

La Chèvre.

La chèvre est vive, capricieuse, vagabonde. Ce n'est qu'avec peine qu'on la conduit et qu'on peut la réduire en troupeau : elle aime à s'écarter dans les solitudes, à grimper sur les lieux escarpés, à se placer, et même à dormir sur la pointe des rochers et sur le bord des préci-

pices ; elle est robuste, facile à nourrir ; presque toutes
les herbes lui sont bonnes, et il y en a peu qui l'incom-
modent. Elle ne craint pas la trop grande chaleur ; elle
dort au soleil, et s'expose volontiers à ses rayons les plus
vifs sans être incommodée, et sans que son ardeur lui
cause ni étourdissement, ni vertiges ; elle ne s'effraie point
des orages, ne s'impatiente pas à la pluie, mais elle paraît
sensible à la rigueur du froid.

Il y   adjectifs qualificatifs et   adjectifs possessifs.

58e EXERCICE. — 47.

Remplacez le tiret par un adjectif démonstratif, soulignez les adjectifs qualificatifs
et comptez-les.

Ce vieillard, — homme, — femme, — enfants sont bien
à plaindre. — air pur, — arbres, — gazon, — voûtes de
verdure enchantent les yeux. Saül fit revêtir David de ses
armes ; mais David dit : Je ne saurais marcher avec —
armes. — écolier a bien travaillé — semaine. — prairie,
— étang et — forêts dépendent de — château. — ciel
bleu, — air pur, — voûtes de verdure enchantaient mes
regards. — petit garçon et — petite fille sont liés de l'amitié fraternelle la plus tendre. Voyez — vastes jardins rem-
plis d'arbres toujours verts, — plantes odoriférantes et —
magnifiques statues, tous — biens sont à vous, puisque
vos yeux savent en jouir. — drapeaux ont été conquis sur
l'ennemi. Voyez-vous — cheval et — âne qui paissent dans
la prairie, — vaches et — chèvres qui mangent l'herbe
verte ; tous — animaux sont utiles à l'homme.

(adjectifs qualificatifs.)

59e EXERCICE. — 48.

Ecrivez les adjectifs *numéraux-cardinaux* de un à cent.

60e EXERCICE. — 48, 49.

Remplacez les chiffres par des adjectifs *numéraux-cardinaux* ou *numéraux-
ordinaux*.

Le mois de mai est le 5 mois de l'année ; septembre est
le 9. Tu travailleras 6 jours, mais le 7 jour est le repos
de l'Eternel, ton Dieu. Ce chapeau me coûte 24 francs.
J'ai eu 16 mètres pour 80 francs. Les 3 étages de la maison sont occupés : le 1 par un médecin, le 2 par un avo-

2

cat, le 3 par un peintre. Il y a à Nankin, en Chine, une tour de porcelaine de 90 mètres de hauteur; elle a un escalier de 400 marches. Un vaisseau de 96 canons. On ne saurait prévoir les conséquences d'1 faute. Ce cheval a fait 60 kilomètres en 5 heures. La circonférence de la terre est de 9 000 lieues ou de 40 000 000 de mètres. La lune est 50 fois plus petite que la terre. Le soleil est 1 500 000 fois plus grand que la terre. Il entre dans sa 11 année. Il vivait au 12 siècle. Les premiers hommes ont vécu 900, 930 et jusqu'à 969 ans. Nous marchons 2 à 2. Ils sont venus sur les 11 heures. Dans tout ce que vous me dites là, il n'y a pas la 100, la 1000 partie de vrai. Je vous dirai cela entre 4 yeux.

61ᵉ EXERCICE. — 50.

Remplacez le tiret par un adjectif indéfini.

L'orgueil étouffe — les vertus. — pays a ses coutumes. A — chose malheur est bon. Il y a — jours qu'il est parti. Il ne prend — soin de ses affaires. — âge a ses plaisirs, — état a ses charmes. — homme n'est heureux, — chose ici-bas ne peut le rendre tel. Entre — les maux il faut choisir le moindre. Les oiseaux de passage partent et reviennent à — époque de l'année. L'éléphant n'ayant — goût pour la chair, et ne se nourrissant que de végétaux, n'est pas né l'ennemi des — animaux. En — pays — les bons cœurs sont frères. La terre rajeunit — les ans au printemps. Il a tonné — jours de suite. Pour peindre un — malheur, une — calamité; de — malheurs, de — calamités; il faudrait avoir un génie capable de le faire. — les hommes sont les enfants d'une — famille; — nation n'est qu'une branche de cette famille nombreuse, qui est répandue sur la surface de — la terre. Je n'ai — connaissance de cette affaire. — maître, — valet. Je vous l'ai dit — et — fois. — préceptes que ceux de l'Évangile! — morale sublime on y trouve à — page! Rome adopta — les dieux et — les superstitions des peuples qu'elle avait vaincus.

62ᵉ EXERCICE. — 32 à 62.

Remplacez le tiret par l'article ou l'adjectif de la phrase précédente.

Un enfant *méchant*. — conduite —. *Un* poil *gris.* — barbe

—. *Un* frère *sage*, — sœur —. *Le* mois *prochain*, — semaine. — *Le* fruit *vert*, — feuille —. *Un* enfant *honnête*, —fille —. *Le* frère *aîné*, -- sœur —. *Un* homme *aimable*, —femme —. *Un* jour *perdu*, —journée —. *L'*ami *fidèle*, —servante —. *Un* air *gai*, — chanson —. *Un* papier *fin*, —laine —. *Ce* tonneau est *vide*, — bouteille est —. *Le joli* chien, — — chienne. *Un* thème *facile*, — composition —. *Un grand* cheval, — — ville.

63e EXERCICE. — 54, 55.

Ecrivez au féminin les adjectifs suivants.

Fertile, chrétien, joli, muet, sensé, habituel, tel, citoyen, persan, bavard, noir, sourd, coquet, concret, désert, gris, obscur, bleu, bas, cruel, mignon, prodigue, sain, saint, inquiet, solide, français, nul, annuel, mauvais, bizarre, soumis, las, obéissant, excellent, pareil, épais, gai, brut, naturel, secret, parfait, pauvre, fluet, innocent, magicien, égal, aimé, original, violet, net, odoriférant, têtu, rusé, incomplet, exact, officiel, parisien, obtus, exquis, poltron, mensuel, perclus, compact, véniel, niais, vert, vieillot, sale, matinal, zélé, gentil, manchot, vain.

64e EXERCICE. — 54 à 61.

Ecrivez au féminin les adjectifs suivants.

Oisif, neuf, honteux, sot, petit, bref, vif, heureux, instructif, affectueux, aigu, doux, attentif, chananéen, musulman, païen, maladif, dernier, boiteux, sauf, plaintif, capricieux, gracieux, premier, second, belliqueux, tardif, jaloux, dangereux, vert, obtus, hideux, hâtif, souple, sale, propre, replet, criminel, poussif, soyeux, orageux, rétif, neuf, cagot, pareil, précieux, naïf, vénéneux, amer, cher, fier, généreux, somptueux, cruel, pensif, victorieux, fugitif, captif, familier, peureux, pieux, expressif, hargneux, négatif, affirmatif, juif, superstitieux, morveux, lucratif.

65e EXERCICE. — 54 à 61.

Ecrivez au féminin les adjectifs suivants.

Blanc, calomniateur, extérieur, joueur, imitateur, jumeau, menteur, malin, rapporteur, protecteur, rêveur,

franc, intérieur, sec, mineur, frais, long, majeur, oblong,
bel, beau, meilleur, enchanteur, public, grec, nouveau,
nouvel, caduc, bénin, favori, pécheur, pêcheur, tiers,
soi, long, aigu, doux, plaintif, fol, fou, secret, roux, vieux,
exprès, harmonieux, chanteur, moteur, vif, capricieux,
coumis, bleu, vain, fatal, exigu, facile.

66ᵉ EXERCICE. — 31, 62.

Traduisez l'exercice suivant au pluriel.

L'ami obligeant. Le livre intéressant. L'enfant obéissant.
La famille bien unie. Une raison absurde. La verte prairie.
Un habit noir. L'oiseau chanteur. Une femme médisante.
Le fils désobéissant. La maison blanche. Le grand succès.
La dame charitable. Le serviteur fidèle. Une branche
pourrie. L'étoile brillante. Le vieillard avare. Le témoin
véridique. Une personne fière. Le terrible accident. Le
père indulgent. Un jeu amusant. Le soldat intrépide. La
cause finale. L'hirondelle légère. L'élève docile. Le cœur
compatissant. Une rive escarpée. L'événement affligeant.

67ᵉ EXERCICE. — 31, 62.

Traduisez au pluriel l'exercice suivant.

Un air nouveau. Un succès douteux. Le temps majes-
tueux. Un corps gras. Un prince libéral. Un choix malheureux. Le beau château. Un accident fâcheux. Un moyen
légal. L'os nasal. Un pays marécageux. L'ornement épis-
copal. Le vent glacial. Le vieux manteau. Le devoir filial.
Un esprit jaloux. Un repas frugal. Un camarade envieux.
Un serpent vénimeux. Un présage nouveau. Un angle
obtus. Le service loyal. Un magistrat impartial. Un cheveu roux. Un enfant chétif. Le vin exquis. Un homme
bossu. Une tour élevée. Le vieil homme.

68ᵉ EXERCICE. — 51, 52, 61, 62.

Faites accorder les adjectifs avec les noms.

Fuyez les personnes *vain, désœuvré, bavard*. Nos forte-
resses sont bien *muni*, mal *défendu*. Ces syllabes sont
long, celles-là sont *bref*. Les guerres *civil* sont *cruel*. Ses
beau cheveux tombaient sur ses épaules en boucles *long*

et *soyeux*. Les fleurs *artificiel* sont rarement aussi *beau* que les fleurs *naturel*. Les adjectifs *numéral* se divisent en *cardinal* et en *ordinal*. Les lames de plomb sont *gris*, *mou* et *facile* à couper. Les fauvettes sont *vif*, *gentil* et *léger*. Les poisons *minéral* sont les plus *dangereux*. Les *vieux* modes reviennent. Les apparences sont *trompeur*. Les mosquées *turc* sont *surmonté* d'un croissant. Ces vents *glacial* seront *fatal* à la récolte. Ces chambres sont *bas* et *humide*. Nos jours passent comme des ombres *fugitif*. Les mauvaises compagnies corrompent les *bon* mœurs. Les peuples *oriental* sont *sobre* et *hospitalier*. Les cocons sont *ovale*.

69ᵉ EXERCICE. — 51, 52, 61, 62.

Faites accorder les adjectifs avec les noms.

Les Français.

Les Français sont *gai*, *poli*, *spirituel*, *actif*, *vaillant*, *généreu*, *magnanime*; ils ont l'imagination *vif*, *ardent*, parfois *frivol* et *enjoué*. Les étrangers *riche* viennent chez eux apprendre les *belle* manières et le *bon* ton. La prospérité ne les rend ni *fier*, ni *présomptueu*, ni *arrogant*; il y a peu de peuples au monde qui sachent supporter d'aussi *bonne* grâce les *grand* revers et les adversités *ordinaire*. Ils sont *habile* et *courageu* dans la guerre, *industrieu* dans la paix, et cultivent avec un succès *remarquable* les arts et les sciences. Enfin, on peut dire que les Français sont encore aujourd'hui ce qu'ils étaient dans les siècles *passé* : *prompt* à se résoudre, *ardent* à combattre, *impétueu* dans l'attaque; c'est le peuple le plus *civilisé* de l'univers.

70ᵉ EXERCICE. — 51, 52, 61, 62.

Faites accorder les adjectifs avec les noms.

Cette chambre et ce cabinet me paraissent trop *petit*. Il a la barbe et les cheveux *blond*. Le faisan et la caille sont *délicat*. La Beauce et l'Orléanais sont *riche* en blé. Les chaleurs sont *excessif*. L'homme *sage* a une douceur et une égalité d'âme *merveilleux*. Le riche et l'indigent sont *sujet* aux mêmes lois. Dieu pourvoit à nos besoins avec une puissance, une sagesse et une bonté *incompréhensible*.

Que d'hommes ont leur vie et leur bonheur *attaché* ou *réservé* à un succès ! Avec une gradation *lent* et *ménagé* ou rend l'homme et l'enfant *capable* de tout. La sagesse et la science sont *bonne, utile* et *nécessaire*. La paresse et le mensonge sont *odieu* et *avilissant*. Le riche et le pauvre sont *égau* après la mort. Fénelon et saint François de Sales étaient *bon, dou* et *affable*. L'enfant et l'homme doivent être *fidèle* à Dieu. Le lion et la lionne sont *courageu, fort* et *intrépide*. Quand on a l'humeur et le caractère *bizarre, difficile*, on doit travailler à se corriger. Les poissons, dans les lacs du Canada, sont d'une beauté et d'un éclat *admirable*.

71e EXERCICE. — 51, 52, 61, 62.

Remplacez les points par l'adjectif en italiques qui précède.

Bon. — Le pain et le vin ....., la ..... confession, les ..... raisins, l'idée ....., la modestie et le savoir ..... *Favori.* — Cette femme est sa première ....., ces dames ont d'estimables ..... *Criminel.* — Une action ....., des projets ....., les passions ....., le vœu et l'espérance ....., l'acte et la parole ..... *Cruel.* — Le loup est ....., une lionne ....., ces actions ....., l'ours et le tigre ..... l'hyène et le léopard ..... *Coi.* — Nous sommes restés ....., elle est toute ..... *Egal.* — Une humeur ....., le roi et le berger sont ..... après la mort; des quantités ....., des ouvrages ..... *Beau.* — La ..... église, les ..... sculptures, les ..... ornements, le ..... édifice, la ..... montre, la maison et le jardin ....., j'ai un ..... gilet, un ..... habit, une ..... horloge, un ..... agneau, de ..... fruits; voilà un ..... appartement, de ..... chambres, une ..... écurie. *Glorieux.* — Une mort ....., des chants ....., une lutte et un résultat ..... des victoires ..... *Consolateur.* — Des conseils ....., une parole ....., des paroles ....., le dévoûment et l'espoir ....., Marie est la ..... des affligés; l'ange ..... *Doux.* — Du vin ....., de la crème ....., un maître ....., l'humeur et le caractère .....

72e EXERCICE. — 51, 52, 61, 62.

Remplacez les points par l'adjectif en italiques qui précède.

Fou. — Un chien ....., une fille ....., un ..... espoir, des femmes ....., un ..... amour, la cousine et le cousin

..... *Doux.* — Un enfant ....., le vin ....., une humeur ....., la physionomie et le caractère ....., des poires ..... *Mou.* — Un édredon ....., le ...... édredon, un enfant ....., une personne ....., des écoliers ....., des filles ..... *Nouveau.* — Des fruits ....., la saison ....., le ...... an, les caractères ....., le ..... venu, les fleurs et les fruits ....., un produit ..... *Pécheur.* — Un homme ....., une femme ....., des enfants ....., une fille et un garçon ....., les femmes ....., les hommes ..... *Vindicatif.* — Cette âme ....., les caractères ....., la sœur et le frère ....., la justice ..... *Vengeur.* — Un bras ....., des armes ....., un Dieu ....., la foudre ....., l'intention et l'esprit ....., mesdames, ne soyez pas ...... *Faux.* — Un fait ....., de ..... cheveux, des femmes ....., une ..... clef, une opinion et un jugement ....., des signatures ..... *Neuf.* — Un appartement ....., une chambre ....., des gilets ....., la chemise et le chapeau ....., le pantalon et les bas ..... *Vif.* — Des yeux ....., un trait ....., des enfants ....., une répartie ....., des discussions ....., une ..... réprimande.

73e EXERCICE. — 20 à 53.

*Faites l'analyse des *noms*, des *articles* et des *adjectifs*.*

Ce ver luisant. La nouvelle lune. Ses yeux gris. Une forêt épaisse. Mes bonnes sœurs. Cet orfèvre est habile. Ces énormes baleines. Ton excellente mère. Votre cheval blanc n'a pas les pieds blancs. Leur ton plaintif.

74e EXERCICE. — 20. 32, 41.

Soulignez les *noms*, les *articles* et les *adjectifs*, et comptez-les.

Les Miracles.

Pour un œil attentif et réfléchi, le monde est plein de miracles. Le grain de blé qui germe en terre, l'innombrable variété des productions de la nature, le cours des astres, la régularité des saisons, l'ordre admirable de l'univers, ne sont-ce pas autant de signes visibles qui nous montrent Dieu et qui devraient nous le faire aimer? Malheureusement presque personne ne les remarque. Ce sont en soi des merveilles étonnantes; mais elles ne nous frappent plus, parce qu'elles se passent journellement sous nos yeux. Dieu, pour réveiller notre foi, s'est réservé ces événements rares et extraordinaires qu'on appelle plus spécialement miracles. Telle est cette multiplication des pains dans le désert, un des plus frappants de l'Evangile. Il fut opéré publiquement, en présence de cinq mille personnes, instantanément, sans préparatifs antérieurs, dans un lieu et avec des circonstances où l'erreur et la fraude étaient impossibles. Que ce fait parle donc ici à nos cœurs! Celui qui a pu multiplier dans ses mains les cinq pains d'orge et en nourrir cinq mille hommes, quel est-il, sinon celui qui produit sans cesse de riches moissons avec quelques graines légères? C'est le même Dieu, toujours également bon, également puissant; le pain que nous mangeons chaque jour est aussi miraculeux que celui du désert : ne le mangeons point sans bénir l'invisible main qui nous le distribue si libéralement.

Il y a noms, articles, adjectifs qualificatifs et adjectifs déterminatifs.

75e EXERCICE. — 41 à 62.

Soulignez les *adjectifs* et analysez-les.

L'Humble et l'Orgueilleux.

L'orgueilleux est dur, inflexible à l'égard des autres et indulgent envers soi-même; il n'a d'autre motif dans ses œuvres que d'être loué par les hommes; il ambitionne les vêtements superbes, les titres fastueux, les places d'honneur, les respects de la foule. L'humble, au contraire, regarde tous les autres hommes comme ses frères; il les aime sincèrement, il ne cherche jamais à s'élever au-dessus d'eux; il se fait le serviteur de tous et avec d'autant plus de dévoûment qu'il est plus grand en dignité. Or, voici le sort réservé à chacun d'eux : le premier, après s'être un moment rassasié d'une vaine fumée de gloire, sera au tribunal de Dieu humilié à la face du monde entier et condamné à subir un éternel opprobre; le second sera exalté dans le ciel en proportion des mépris qu'il aura acceptés ou qu'il se sera imposés ici-bas.

76e EXERCICE. — 20 à 62.

Analysez les *noms*, les *articles* et les *adjectifs* jusqu'au mot CHARGE.

Suzanne.

Admirons la fermeté de cette chaste femme. Elle est

devenue la gloire de son sexe, comme ces détestables vieillards ont été la honte des hommes. En qualité de juges d'Israël, ils commandaient au peuple avec une pleine autorité; une haute considération entourait leur âge et leur CHARGE; et cela même, ils l'employaient pour donner du poids à leurs persuasions infâmes et faire tomber une âme pure dans l'abîme où ils s'étaient jetés volontairement. Suzanne ne se troubla pas dans ce péril extrême; elle vit à la fois le jugement des hommes et le jugement de Dieu. Du côté des hommes, elle eût pu mettre à couvert son honneur et sa vie en se rendant par force aux sollicitations de ces corrupteurs, qui menaçaient de la faire périr honteusement par une déposition accablante; il pouvait même lui venir à l'esprit que son crime serait en quelque sorte excusable, puisque la seule nécessité l'arrachait à cet amour incorruptible qu'elle conservait dans son âme pour la chasteté. Mais, quand elle considéra que Dieu était l'invisible témoin et le juge de son action, toutes ces fausses lueurs s'évanouirent. Elle résolut de sauver son honneur, non en apparence, mais en réalité; et d'assurer sa vie, non celle du corps, qui est si courte, mais celle de l'âme, qui doit durer éternellement.

77e EXERCICE. — 20 à 62.

Analysez les *noms*, les *articles* et les *adjectifs* jusqu'au mot NOUS.

La vie dont nous jouissons n'est pas à nous, mais à Dieu, qui nous l'a confiée comme un dépôt, afin que nous en usions selon sa volonté et pour sa gloire. Quand nous mourons, il ne fait que reprendre ce qu'il nous avait confié pour un temps. A la vie, à la mort, soyons donc soumis au bon plaisir de Dieu; qu'en toutes choses il soit glorifié par NOUS. Reconnaissons cet empire souverain que Jésus-Christ a acquis sur nous par sa croix. Puisque c'est pour nous qu'il a vécu, qu'il est mort et qu'il est ressuscité, vivons tout entiers pour lui, mourons dans son amour, afin de ressusciter dans sa gloire.

LE PRONOM.

78e EXERCICE. — 63, 64.

Soulignez les pronoms et comptez-les.

Le bon écolier a réussi; il est content. Le printemps commence; il sera beau. Le soleil paraît; il est chaud. Les nuages fuient; ils sont légers. La journée finit; elle a été froide. Les fruits mûrissent; ils seront bons. La terre tourne; elle est ronde. Les étoiles brillent; elles paraissent petites. La leçon est courte, mais elle est agréable. Le lièvre fuit; il est timide. Les enfants sont légers; ils badinent. La bise souffle; elle est froide.

(pronoms.)

79e EXERCICE. — 63, 64, 65.

Soulignez les pronoms, comptez-les et indiquez de vive voix de quel nom ils tiennent la place.

Les pronoms servent à remplacer les noms qu'on ne veut pas répéter, ou ceux que l'on ne veut pas nommer; ils obéissent au nom dont ils tiennent la place; ils en sont comme les serviteurs. Je lis un livre agréable; il me plaît. Tu lis une histoire agréable; elle te plaît. Jules lit une jolie fable; elle lui plaît. Nous lirons un joli livre; il nous amusera. Vous lirez des histoires; elles vous amuseront. Les bons écoliers travaillent; ils sont contents. Je lisais ma grammaire; je la comprenais. La rose est une belle fleur; elle répand un doux parfum. (pronoms.)

80e EXERCICE. — 63, 64, 65.

Comme l'exercice précédent.

Vous nous avez donné une plante utile; nous la cultivons avec soin. Nous cherchons les louanges; elles nous corrompent et nous nuisent. Je répare les outils des ouvriers; je les leur rendrai et ils continueront leurs travaux. Si tu trouves un ami vertueux, chéris-le et accorde-lui ta confiance. Mon maître m'instruit; je lui adresse mes remercîments. J'aime ma mère, je la soulage. Mes sœurs sont sages ; elles ont soin de moi ; je les aime beaucoup. Pour dévorer les animaux, le tigre les emporte dans les bois. Si vos parents vous parlent, écoutez-les avec respect.. (_pronoms._)

81ᵉ EXERCICE. — 66, 67, 68.

Soulignez les _pronoms personnels_, comptez-les et indiquez la personne par les chiffres 1, 2, 3.

Je lis, tu écris, il dort, elle travaille, nous apprenons, vous récitez, ils parlent, elles arrivent. Tu te trompes si tu crois que les méchants sont heureux. Jules est sage ; il aura un prix. Cette jeune personne est très-aimable ; elle plait à tout le monde. Nous admirons les hommes vertueux, mais nous ne les imitons pas toujours. Les castors sont des animaux remarquables ; ils construisent des cabanes fort solides. Je voudrais savoir ma leçon ; cela me vaudrait une récompense. Quand nous rencontrons des vieillards nous les saluons. Les eaux descendent des hautes montagnes ; elles s'assemblent en gros ruisseaux dans les vallées, puis elles vont se précipiter dans la mer. Souvenez-vous toujours de vos bienfaiteurs et des services que vous en avez reçus. (_pronoms._)

82ᵉ EXERCICE. — 69.

Soulignez les _pronoms possessifs_ et mettez _notre_, _votre_, ou _le nôtre_, _le vôtre_ à la place du tiret.

Votre livre n'est pas aussi joli que le mien. Sa plume est aussi bonne que —. La marine anglaise est plus forte que —. Supportez les défauts d'autrui si vous voulez qu'on supporte —. Vous vous trompez, ce crayon n'est pas à moi, c'est —. Le mien est noir, le tien est rouge, les leurs sont blancs. Nous voyons la paille qui est dans l'œil de — frère, et nous n'apercevons pas la poutre qui est dans —. Notre tâche est finie, — commence. V — maison est moins belle que —. Si n — voisin ferme sa porte aux pauvres, ouvrons-leur —. Le paresseux ne compte pas sur son travail, mais sur —. Nos amis arrivent aujourd'hui ; les — ne viendront que demain. Vos plumes sont meilleures que les —. Nos pommiers ont perdu toutes leurs feuilles ; — ont encore toutes les leurs. Ma montre retarde ; — avance.

83e EXERCICE. — 70.

Soulignez les pronoms démonstratifs, et mettez *ce* ou *se* à la place du tiret.

Les leçons de grammaire sont moins faciles que celles de géographie ; mais celles-ci sont moins utiles que celles-là. Il faut savoir — taire à propos. Celui qui parle toujours de lui n'est pas estimé. On ne trouve pas toujours — qu'on désire. La ville de Paris est grande, mais celle de Londres l'est encore davantage. Vos pages sont bien faites, mais celles de vos camarades sont encore mieux. Ce jeune homme est très-modeste ; il ne — croit pas supérieur aux autres. Cette plume est dure, cette autre est flexible ; celle-ci me plaît mieux que celle-là. — qui est inutile est toujours trop cher. Cet enfant qui — vante toujours est un sot qui — croit savant. Les qualités de l'esprit sont peut-être supérieures à celles du cœur, mais celles-ci sont plus aimables que celles-là. Il ne faut pas dire tout — qu'on pense, et il ne faut pas croire tout — qu'on dit. Celui qui ment — attire le mépris des autres.

84e EXERCICE. — 71.

Soulignez les pronoms relatifs et mettez-en un à la place de chaque tiret.

Nous avons reçu de Dieu les biens dont nous jouissons. Avez-vous deux amis sur lesquels vous puissiez compter ? Je viens de revoir les personnes avec — j'ai voyagé. J'ai vu deux lettres — il résulte que l'affaire n'est pas terminée. Les jeunes gens au — j'ai parlé sont très-complaisants. Les personnes au — on dit la vérité se fâchent quelquefois. Voici un livre — plaît beaucoup. Voilà une personne — je connais bien. L'enfant — joue perd son temps. L'enfant — aime ses parents, leur obéit. Employez mieux le temps — vous perdez à jouer. Est-ce là le marchand — je dois m'adresser. La manière — elle me reçut m'enchanta. On admire à Strasbourg la cathédrale, à — on travailla 442 ans, et — la tour a 142 mètres de hauteur. Qu'ils sont malheureux les enfants — on refuse une bonne instruction ! Quel est l'instrument au moyen — on trace les cercles ?

85ᵉ EXERCICE. — 72.

Soulignez les pronoms indéfinis et mettez-en un à la place de chaque tiret.

On hait les menteurs. Quiconque veut aller au ciel doit en prendre le chemin. Chacun est content de soi. Songeons aux maux d'autrüi. — se trompe souvent. Si l'— savait borner ses désirs, — s'épargnerait bien des maux et — se procurerait beaucoup de bien. Si quelqu'un veut être mon disciple, qu'il me suive. L'un et l'autre prétendent avoir raison. Défiez-vous de — parle mal de ses amis. — qui rit vendredi dimanche pleurera. Personne ne viendra. J'attends — de mes amis. Si — te frappe à la joue droite, présente-lui —. Il ne faut pas que — pâtissent pour un seul. — n'est content de son sort. — ne l'a vu amener. De ces deux enfants, — est docile et — revêche. Je ne lui ai — fait, ni — dit. Pardonnez-vous — aux —. Je n'ai vu ni — ni —.

86ᵉ EXERCICE. — 68 à 72.

Mettez à la place du tiret les lettres qui peuvent manquer. (Quelquefois il n'y a rien à mettre).

Il est instruit. Il— sont savants. El— est timide. El— sont hardies. Ces enfants sont très-aimables ; il— apprennent bien leurs leçons. Cette petite fille lit bien, el— écrit bien aussi. Ces jeunes demoiselles sont très-modestes ; el— plaisent à tout le monde. Ce qu'on veut fortement finit presque toujours par — obtenir. Pourquoi — trouve-t-on offensé d'un reproche fondé ? —'est qu'on a plus d'orgueil que de vertu. Esther et Louise sont absentes, — rentrent demain. Heureux — qui ont le cœur pur, parce qu'— verront Dieu. Les hommes sont comme les fleurs ; il— naissent le matin et périssent le soir. Fuyez les mauvaises sociétés ; el— gâtent le cœur et l'esprit. Les personnes qui —'occupent ne savent pas — que —'est que de —'ennuyer.

87ᵉ EXERCICE. — 68 à 72.

Mettez à la place du tiret les lettres qui peuvent manquer.

On contracte toujours quelques-un— des habitudes des personnes avec l— on vit intimement. Il est rare qu'on ne

parvienne pas à vaincre les obstacles contre l— on lutte
avec persévérance. La plupart des hommes — souviennent bien mieux des services qu'ils rendent que de ceux
qu'— reçoivent. — Lisez ces histoires, — sont si simples
et si touchantes qu'— ne peuvent manquer de vous amuser. La maison de mon père est grande, — de mon frère
est petite. Les rues par l— nous allons passer te sont in-
connues; je te — ferai connaître. Les modes a — on t'as-
sujettit aujourd'hui seront demain repoussées comme ri-
dicules et remplacées par d'— non moins bizarres. Les
lois anciennes étaient moins sages que les modernes : el—
sont douces; elles étaient cruelles. Il y a certains temps
pendant — la terre ne produit rien. Les choses pour l—
on montre des dispositions doivent être étudiées avec soin.

<h3 style="text-align:center">88e EXERCICE. — 68 à 72.</h3>

Mettez à la place du tiret les lettres qui peuvent manquer.

Les défauts pour l— nous avons le plus d'indulgence
dans autrui sont c— que nous sommes forcés de n— reconnaître à nous-mêmes. Les fautes a— nous sommes le
plus sujets sont c— qui doivent fixer toute notre attention.
Nous voyons clairement les défauts d'autrui; mais il est
rare que nous apercevions l—. La foi, l'espérance et la
charité sont des vertus sans l— on ne peut être sauvé. Les
lettres a— vous deviez répondre aujourd'hui ne sont pas
arrivées. Dans une classe en ordre, tous les élèves travaillent; on ne voit jamais les uns causer quand l— étu-
dient. Personne ne peut servir deux maîtres à la fois; car
on serait obligé de négliger — pour plaire à —. Les méchants sont comme les sacs à charbon qui se noircissent
— —. Rendez-vous service — —.

<h3 style="text-align:center">89e EXERCICE. — 63 à 72.</h3>

Soulignez les pronoms et dites combien il y en a de chaque sorte.

<h3 style="text-align:center">L'Évangile.</h3>

L'Évangile n'est autre chose que le fidèle et pur dépôt
de la parole de Jésus-Christ : cette parole est simple, naïve,
familière, mais quelle onction! quels trésors de grâces et
de sagesse! Les plus beaux génies du monde ne l'ont lue

qu'avec une profonde admiration. Elle a fait des martyrs, des apôtres, elle ne cessera point de faire des saints. Elle instruit l'humble et le pauvre, elle console le cœur affligé, elle donne la liberté et la paix à ceux qui sont esclaves de leurs vices : elle éclaire ceux qui sont dans la nuit du péché. Aimons à la lire nous-mêmes, soit à l'église, soit à l'intérieur de nos maisons ou au sein de notre famille, partout et toutes les fois que nous le pourrons. Les livres de l'homme peuvent bien amuser l'esprit et piquer l'imagination : seule, la parole de Dieu purifie le cœur et améliore les actions, parce qu'elle seule est esprit et vie.

(pronoms personnels, possessifs, démoustratifs, relatifs, indéfinis.)

90e EXERCICE. — 20 à 72.

Dites combien il y a de *noms*, d'*articles*, d'*adjectifs* et de *pronoms*.

Les deux Servantes.

Deux servantes, nommées Rose et Julie, allaient à la ville voisine. Chacune d'elles portait sur sa tête une corbeille de fruits très-lourde. Rose ne cessait de se plaindre. L'autre, au contraire, ne faisait que rire et badiner. — « Comment faites-vous donc pour rire de si bon cœur? dit Rose; votre corbeille est aussi lourde que la mienne, et mes forces sont égales aux vôtres. » — « J'ai, reprit Julie, ajouté d'une certaine plante à mon fardeau, et cela fait que je le sens à peine ; faites comme moi, et vous vous en trouverez bien. » — « Sans doute, s'écria Rose, que c'est une plante bien précieuse. Je désirerais fort en avoir pour rendre ma charge plus légère. Dites-moi donc quelle est cette plante, quel en est le nom ? » — La précieuse plante, reprit Julie, qui seule a le pouvoir d'alléger tous les fardeaux, s'appelle la PATIENCE.

(noms, articles, *adjectifs qualif.*, *adjectifs déterminatifs*, pronoms.

91e EXERCICE. — 20 à 72.

Analysez les *noms*, les *adjectifs qualificatifs* et les *pronoms*.

Les bonnes Œuvres.

Les prières et les aumônes ne s'arrêtent point ici-bas, elles montent devant Dieu. Le monde est une figure qui passe déjà, et les cieux doivent un jour disparaître avec un bruit de tempête; mais les œuvres de la charité nous suivent après la mort, et elles doivent nous accompagner jusqu'au trône de Dieu, après la destruction des trônes de la terre.

92ᵉ EXERCICE. — 20 à 72.

Analysez les *noms*, les *articles*, les *adjectifs* et les *pronoms* jusqu'au mot *bonheur*.

Les bonnes Œuvres (suite et fin).

Faire du bien n'est donc pas seulement la vie des belles âmes; c'est encore le moyen de perpétuer une belle vie; c'est moissonner dans le temps pour l'éternité; c'est jeter sur la terre une semence qui, germant au-delà du tombeau, nous produit dans le ciel une moisson de gloire et de *bonheur*; c'est une divine manière de se perpétuer, un moyen de triompher de la mort, un art de ne mourir jamais.

LE VERBE.

93ᵉ EXERCICE. — 73, 74.

Soulignez les verbes et comptez-les.

L'instruction a pour but de rendre l'homme plus savant; l'éducation, de le rendre meilleur et plus honnête homme. C'est l'éducation morale qui règle les actions de l'homme dans ses rapports avec tous les êtres qui l'entourent, et qui lui apprend à se gouverner lui-même. Je veux dire, mes enfants, qu'elle lui enseigne à être juste, bon, sage et vertueux. L'instruction et l'éducation doivent marcher ensemble; car le meilleur moyen d'arriver à une bonne éducation, c'est de s'y préparer par l'instruction. Plus on est instruit, mieux on peut atteindre à un haut degré de moralité, c'est-à-dire être un bon fils, un bon époux, un bon père, en un mot, un bon chrétien, qualité qui renferme toutes les autres.   (*verbes.*)

94ᵉ EXERCICE. — 75.

Soulignez la terminaison de tous les verbes.

Vous savez, mes enfants, que Dieu avait créé l'homme bon et vertueux; vous savez que tous les biens du ciel et de la terre avaient été faits pour lui, mais que, par une désobéissance trop coupable, il a mérité de perdre le bonheur qui lui était destiné. Cependant Dieu, dans sa bonté infinie, nous laissa encore un moyen de devenir heureux; ce moyen, mes enfants, c'est d'être bons et vertueux dans ce monde, c'est de remplir avec exactitude tous nos devoirs. Le premier de ces devoirs, c'est d'aimer Dieu, de l'honorer, de le servir et de ne rien faire qui puisse l'offenser. Ce devoir renferme tous les autres.

95ᵉ EXERCICE. — 76.

Indiquez les sujets des verbes en italiques.

Devoirs envers la Famille.

Comme Dieu *est* notre premier père, nos parents *sont* nos premiers amis. Tous les hommes *sont* frères; tous *ont* besoin les uns des autres et *doivent* s'entr'aider; mais la famille *a* surtout droit à notre attachement. C'est là que vous *avez trouvé* votre première joie; c'est là, mes enfants, que vous *devez* toujours chercher le bonheur. Vous *êtes* sûrs d'y rencontrer, avec une tendresse qui ne *se lasse* jamais, des consolations à vos peines, des encouragements à votre bonne volonté, de l'indulgence pour vos fautes, des conseils pour votre inexpérience. Vous *devez* donc y apporter amour, respect, confiance, soumission et dévouement. C'est en aimant votre famille que vous *apprendrez* à aimer tous les hommes.

96ᵉ EXERCICE. — 80, 81, 82.

Indiquez les compléments des verbes en *italiques* : le complément direct par *d* et le complément indirect par *i*.

J'*écris* une lettre. Tu fais tes devoirs. Dieu *hait* les méchants. Elle fait le mal. Je le *connais*. Je te *pardonne*, il se *repose*. Nous nous écrivons. Elles se trompent. Le riche *soulage* le pauvre. Repose-toi. Attends-le. Le Seigneur récompense les justes. Nous nous trompons. Jules appelle sa sœur. La leçon que j'*apprends* est facile. Tu nous cherchais. Elle les *trouva*. L'oisiveté *ressemble* à la rouille. Nous parlions de vos projets. Nous irons en voiture. On le vit parmi les ennemis. J'*ai donné* du pain aux pauvres.

Les premiers chrétiens souffrirent des supplices affreux.
Nous les *reconnûmes*. J'ai parlé à votre frère. Dieu *donna*
la sagesse à Salomon. Moïse tira les Hébreux de la terre
d'Egypte. Je vous *embrasse* et vous aime et vous le dirai
toujours, parce que c'est toujours la même chose.

97ᵉ EXERCICE. — 83.

Soulignez les verbes et indiquez le mode par les chiffres : 1 *Infinitif*, 2 *Indicatif*,
3 *Conditionnel*, 4 *Impératif*, 5 *Subjonctif*.

Les hommes du siècle se glorifient d'une haute naissance, ils aspirent à des noms illustres. En est-il un plus
beau, plus sublime que celui d'enfant de Dieu? Or, ce
nom-là, Dieu lui-même nous l'a donné. Il a en effet pour
nous l'amour et les entrailles d'un père, il veut que nous
ayons droit à partager son royaume, il nous fait héritiers
de ses trésors et de ses félicités. Il est vrai que nos avantages n'apparaissent pas maintenant aux yeux du monde,
mais ayons patience. Le Père céleste a devant lui l'éternité pour récompenser ses élus. Encore un peu de temps!
Jésus, notre frère premier né, se montrera; et alors nous
deviendrons semblables à lui, grands, riches, heureux
comme lui; nous le contemplerons sans fin dans l'éclat
de sa bonté et la magnificence de sa gloire.

98ᵉ EXERCICE. — 84., 85, 86.

Soulignez les verbes et indiquez-en le temps en mettant à la suite le numéro
qu'ils ont dans le tableau de conjugaison.

Les patriarches, dont la vie était si longue, ont habité
sous la tente comme des pèlerins, sans bâtir ni ville ni
maison; et les hommes de nos jours, dont la vie est si
courte, la passent à bâtir, à faire des acquisitions toujours
nouvelles, à joindre maison à maison, héritage à héritage,
comme s'ils ne devaient jamais mourir. Ayant si peu de
temps à vivre, quelle folie de l'employer en des choses
vaines! Souvenez-vous que la terre est votre exil, vivez-
y comme des étrangers; aspirez après le ciel, votre patrie. Semblables aux navigateurs qui saluent le pays où
ils vont du plus loin qu'ils le découvrent, les patriarches
voyaient le ciel par la foi, le saluaient avec joie dans le
désir d'y arriver.

99e EXERCICE. — 87.

Soulignez les verbes et indiquez-en la conjugaison par les chiffres 1, 2, 3, 4.

Mes bons amis, travaillons à notre instruction puisque
c'est le meilleur moyen d'arriver à une bonne éducation
morale. En effet, une bonne instruction nous met à même
de mieux remplir nos devoirs par la connaissance plus
parfaite qu'elle nous en donne ; aussi voyons-nous que
les mauvais sujets, les débauchés, les méchants, sont presque tous des fainéants, qui, dans leur enfance, ne vou-
laient rien apprendre. C'était de leur part une grande
folie, n'est-ce pas, mes enfants? Ecoutez-moi bien attentivement. Si vous aviez à voyager, tantôt le jour, tantôt la
nuit, par un chemin long, difficile et dangereux, ne se-
riez-vous pas bien aises d'avoir un bon guide et une lanterne? Eh bien! vous avez tout cela pour vous bien
conduire dans la vie, mes amis ; votre guide, c'est la
conscience ; votre lanterne, c'est l'intelligence ; mais cette
lanterne toute seule ne pourra pas encore vous suffire si
vous ne prenez pas la précaution de la garnir d'une bonne
lumière, et cette lumière, c'est l'instruction. L'homme
sage et vertueux a grand soin d'entretenir sa lumière et
d'écouter son guide ; l'homme vicieux, au contraire, souffle sur la sienne ou la laisse éteindre et ferme l'oreille à
tous les bons conseils, au risque de s'égarer et de se perdre ; ce qui n'arrive, hélas! que trop souvent.

100e EXERCICE. — 88 à 93.

Soulignez les verbes et mettez à la suite le chiffre qui en indiquera l'espèce :
1 actif, 2 passif, 3 neutre, 4 pronominal, 5 impersonnel.

Il faut bien choisir les personnes auxquelles on veut
donner sa confiance. Dieu nous a créés pour le connaître,
l'aimer et le servir. Apprenez que les enfants sages sont
chéris de tout le monde. L'ennui naît de l'oisiveté ; celui
qui travaille ne connaît pas l'ennui. La paresse marche si
lentement que la pauvreté ne tarde pas à l'atteindre. Noé
construisit une arche qui flottait sur les eaux. Apprenez,
mes petits amis, qu'en nuisant aux autres, vous vous
nuisez à vous-mêmes. L'hirondelle se fie, comme une étran-
gère de lointain pays, aux procédés du bon accueil ; elle

aime qu'on ne la dérange pas et s'abandonne à qui l'aime.
Il serait honteux pour vous de ne pas savoir parler correctement la langue française.

104e EXERCICE. — 89, 90.

Traduisez les phrases suivantes par le passif.

La paresse produit la misère. Tout le monde déteste les
méchants. Personne n'aime l'égoïste. La pluie a détrempé
la terre. Les hirondelles prévoient et annoncent les orages. La Seine baigne Paris. Le travail paie les dettes. Les
Arabes ont inventé les chiffres. Le serpent trompa la
femme. Dieu nous aime. La pluie a inondé la campagne.
La justice divine atteindra le méchant. Chaque élève a
récité cette leçon. Ces difficultés l'ont arrêté un moment.
Chacun estime un honnête homme. L'ennemi nous poursuit. Nous l'avons averti. Adraste surprit au point du jour
les cent vaisseaux des alliés. Idoménée mena Mentor dans
tous les quartiers de la ville. Il y a bien des choses que
vous ne connaissez pas. Moïse tira les Hébreux de la terre
d'Egypte et donna des lois à ce peuple.

102e EXERCICE. — 89, 90.

Traduisez les phrases suivantes par l'actif.

Les Gaules furent envahies par les Francs vers l'an 420.
Le Seigneur est loué par les oiseaux. Une lettre vous a été
adressée par quelqu'un. La couleur de pourpre a été découverte par un chien de berger. Ils ont été grondés par
leur professeur. La naissance du Christ fut annoncée aux
Mages par une étoile. Il est enchanté de tout. L'Amérique
fut découverte par Christophe Colomb l'an 1492. La terre
est rafraîchie par les rosées bienfaisantes. La vue est blessée par l'éclat du soleil. Votre cousin a été prévenu par
moi. Nous serons surpris par la nuit. Les qualités naturelles du cheval sont perfectionnées par l'éducation. Dans
une éclipse de soleil, cet astre est caché par la lune, en
totalité ou en partie. Le chameau est regardé par les Arabes comme un présent du ciel.

103e EXERCICE. — 207.

Ecrivez les phrases ci-après au singulier et au pluriel, corrigez les fautes des verbes en *italiques*, s'il y en a.

J'ai pitié d'eux. Toi, tu *a* raison; lui, il *a* tort. Il *avait* mal aux dents. J'*aurai* neuf ans à la Saint-Michel. *Ayon* la bonté. Il faut qu'elle ait bien peur. A la mort, il ne suffira pas que j'*ai eu*, que tu *ai eu*, qu'il *ai eu* de la fortune ; il faudrait que j'*eusse eu*, que tu *eusse eu*, qu'il *eu eu* de la religion. Si tu *avais eu* la peine d'amasser ton bien, tu *aurai* plus d'économie. Ils *ont eu* froid. Ce sont ces élèves qui *auron* lés prix. Nous eûmes le mètre pour trois francs. Si tu *avai eu* devant les yeux la volonté de Dieu, tu n'*aurai* pas fait cela. Le général *eu* tout l'honneur de la victoire. Elles *eure fini* avant que vous *eussié commencé*.

104e EXERCICE. — 207.

Comme l'exercice précédent.

Je *sui* pécheur. Cette blessure a été profonde. Les portes seront fermées à neuf heures. Ses réclamations *fure* inutiles. J'*étai*, tu *étai*, il était impatient d'arriver. C'est lui qui *sera* nommé surveillant. Soyons serviables. Maintenant je suis, tu *est*, il *est* soumis. Hier j'*étai*, tu *étai*, il *était* absent. Les chevaux étant trop fatigués, nous *fume* obligés de descendre. Elle *serait* charmante si elle *était* moins hautaine. Je voudrais que votre devoir *fut* lisible. Il faut qu'elle *soit* bien pauvre. Ne croyez pas, mes enfants, parce que vous *êtes* riches, que vous soyez dispensés d'être honnêtes. L'an dernier je *fus*, tu *fu*, il *fu*, nous *fume*, vous *fute*, elles *fure* malades. Nous *seron* heureux de vous voir. Ils *seront* heureux de vous parler. Il faut que je sois, que tu *soi*, qu'il *soit* généreux envers les pauvres.

105e EXERCICE. — 206 *bis*.

Ecrivez au singulier les verbes qui sont au pluriel, et au pluriel ceux qui sont au singulier.

Vous donnez, tu donneras, je chante, vous partez, nous prions, il aurait donné, je donnerais, il donnerait, il joue, nous jouerons, que nous ayons renouvelé, nous agréérons,

je désirerais qu'il chantât, j'ai mené, tu mènes, je répé-
terai, tu céderas, vous récitiez une leçon bien apprise,
vous aimez vos parents d'un amour véritable, nous loue-
rons vos écrits s'ils méritent qu'on les loue, vous pleuriez
les malheurs de votre famille, tu partages mes peines et
mes plaisirs, quand je vous rencontrai hier, vous employiez
mal votre temps, il emploie tour à tour la ruse et l'audace,
je jugeai trop sévèrement cet homme.

106e EXERCICE. — 66, 83 à 87.

Soulignez les verbes de la 1re conjugaison et indiquez de vive voix la personne,
le nombre, le temps et le mode.

Le Nid.

Un enfant cruel avait coutume de chercher des nids
dans toutes les haies, et arrachait avec une joie barbare
les plumes des petits oiseaux. Sa mère lui disait souvent :
« Rappelle-toi ce que je te répète. Si tu ne te corriges,
Dieu ne manquera pas de te punir. » Ainsi parlait la bonne
mère ; mais le méchant garçon riait de ses avertissements,
et de jour en jour il se comportait plus mal. Un dimanche,
au lieu d'aller à l'église, il se rendit dans la forêt, afin d'y
exercer de nouvelles cruautés. Il y remarqua un grand
nid qui se trouvait au sommet d'un arbre très-élevé. De
suite il grimpa sur l'arbre, et, arrachant du nid l'un des
oiseaux, il le jeta violemment à terre. Il allait en saisir un
autre, quand arrivèrent tout à coup le père et la mère, qui
étaient de grands oiseaux de proie et qui le maltraitèrent
d'une manière cruelle. — Dieu n'a pas créé les animaux
pour que nous les maltraitions.

107e EXERCICE. — 88, 89.

Soulignez les verbes actifs et comptez-les.

La Vérité.

La vérité, cette lumière du ciel, est la seule chose ici-
bas qui soit digne des soins et des recherches de l'homme.
Elle seule est la lumière de notre esprit, la source des
vrais plaisirs, le fondement de nos espérances, la consolation de nos craintes, l'adoucissement de nos maux, le
remède de toutes nos peines ; elle seule est la source de

la bonne conscience, la terreur de la mauvaise, la peine secrète du vice, la récompense intérieure de la vertu ; elle seule immortalise ceux qui l'ont aimée, illustre les chaines de ceux qui souffrent pour elle, attire des honneurs publics aux cendres de ses martyrs et de ses défenseurs, et rend respectables l'abjection et la pauvreté de ceux qui ont tout quitté pour la suivre ; enfin, elle seule inspire des pensées magnanimes, forme des âmes héroïques, des âmes dont le monde n'est pas digne, des sages seuls dignes de ce nom. Tous nos soins devraient donc se borner à la connaître, tous nos talents à la manifester, tout notre zèle à la défendre ; nous ne devrions donc chercher dans les hommes que la vérité et ne souffrir qu'ils voulussent nous plaire que par elle ; en un mot, il semble qu'il devrait suffire qu'elle se montrât à nous pour se faire aimer, et qu'elle nous montrât à nous-mêmes pour nous apprendre à nous connaître.   (*verbes actifs.*)

108e EXERCICE. — 206 *bis.*

Changez le nombre des verbes.

Je laboure la terre, j'arrose le parterre, j'allume le feu, je traverse la rue, je creuse un puits, je lave mes mains, tu continues ton travail, tu copies ton thème, tu blâmes ton frère, tu dessines une tête, tu termines ta tâche, il habite la ville, le singe imite les gestes, l'élève prie Dieu, elle garde la chambre, la brebis allaite l'agneau, nous filons du chanvre, nous gagnons notre pain, nous dévidons l'écheveau, nous gagnerons la bataille, nous attaquons l'ennemi, nous oublions l'heure, vous parlez français, vous devinez l'énigme, vous taillez la pierre, vous essayez vos forces, vous embrassez votre mère, les élèves récitent leur leçon, les coupables avouent leur faute, les oiseaux chantent, les enfants écoutent le maitre.

109e EXERCICE. — 206 *bis.*

Changez le nombre des verbes.

Je fournis, il fournirait, vous fournissiez, nous accomplissons, vous embellissez, ils embellissent, vous vieillirez. il veille, il retient, je chéris mes parents, je noircis mes mains, je bénis le ciel, je gravis cette colline, je nourris des bestiaux, tu rougis l'eau, tu trahis le secret, tu guéris ma plaie, tu subis le châtiment, tu salis tes mains, le maître avertit l'élève, le maçon bâtira l'église, le cheval franchissait le fossé, le gendarme aurait saisi le voleur, nous fléchissons les genoux, nous garnîmes l'appartement, nous remplissons nos devoirs, nous blanchissons le linge, vous trahissez votre pays, vous franchîtes la muraille, vous pétrirez le pain, vous fournissiez la viande, les serviteurs accomplissent leurs devoirs, les arbres embellissaient la campagne, les juges bannissent le coupable.

110e EXERCICE. — 206 *bis*.

Changez le nombre des mots en *italiques* et ceux qui s'y rapportent.

Les Nids d'Oiseaux.

Je sens toujours de l'indignation contre *ceux* qui vont lâchement dérober des nids d'oiseaux, lorsque *je* pense combien de voyages ont faits ces pauvres créatures, pour rassembler tous les matériaux qui leur étaient nécessaires, et quelle a dû être la difficulté de leur travail, sans autres instruments, pour bâtir, que leurs becs et leurs pattes. Nous n'aimerions pas à être chassés d'une bonne maison bien close et bien commode, quoique peu d'entre nous eussent l'adresse d'en construire.... ; *je* ferais volontiers le sacrifice d'une partie de mes fruits pour leur musique, et je ne voudrais pas tuer ce *merle* joyeux qui chante si gaîment dans le verger, même quand il devrait manger toutes mes cerises.

111e EXERCICE. — 206 *bis*.

Changez le nombre des mots en *italiques* et de ceux qui s'y rapportent.

Vous avez un *serin* de Canarie dans votre cage, Louis, j'espère que vous aurez soin de le tenir propre et de le bien nourrir. Il n'a jamais connu le prix de la liberté; ainsi il n'éprouve point le regret de l'avoir perdue. Au contraire, si vous lui donniez la volée, il mourrait de faim, faute de la nourriture qu'il aime. De plus, il ne pourrait pas résister aux rigueurs de l'hiver, parce qu'il est d'une espèce qu'on a transportée d'un pays beaucoup plus chaud que le nôtre. Mais, si vous preniez un pauvre *oiseau* accou-

tumé à voler dans les bois, à sautiller de branche en
branche, à gazouiller dans l'épaisseur des buissons, il
commencerait d'abord à se tourmenter, à se frapper la
tête contre les barreaux de la cage ; enfin, lorsqu'il verrait
qu'il ne peut sortir, il irait se tapir tristement dans un
coin ; il refuserait de manger et de boire jusqu'à ce que la
faim et la soif l'y obligeassent à la dernière extrémité, et
il mourrait peut-être avant d'avoir pu s'accoutumer à sa
prison.

112e EXERCICE. — 206 *bis*.

Changez le nombre des verbes.

Nous recevons des reproches. Nous concevions des
doutes. Nous devons la victoire à Dieu. Vous me devez le
loyer. Vous recevrez le congé. Les apparences déçoivent.
Les matelots aperçurent la côte. Les naufragés conçoivent
de l'espoir. Je l'aperçois de loin. Je lui dois vingt francs.
Je reçois des encouragements. Tu conçois aisément. Il
conçoit facilement. Tu recevras des éloges. Tu dois du
respect aux cheveux blancs. Cette idiote ne concevait rien.
Le receveur perçut l'impôt. L'œil du maître aperçoit tout.
Il reçut une dispense. Vous auriez la récompense. Vous
vous aperceviez qu'il vous trompait. Je vous reçois avec
plaisir. Je sus que vous étiez indisposé. Tu sauras que tu
dois te taire.

113e EXERCICE. — 206 *bis*.

Corrigez les fautes des mots en *italiques*, s'il y en a.

O mon Dieu ! donne à mon âme ravie toutes les consolations dont tu *pourvoi* ceux qui se *repose* en ta bonté pa-
ternelle ! que mon ame brisée et contristée à la vue de
mes erreurs *bénisse* les faveurs infinies et *lou* à jamais ton
nom glorieux ! C'est en pardonnant aux brebis égarées
que tu les *ramène*, et que tu les *reçoi* dans ton sein ; c'est
en punissant les pécheurs obtinés et *endurci* que tu *inspire*
aux méchants la crainte des châtiments éternels. Cet enfant *doi* être puni parce qu'il ne *conçoi* que de mauvais
projets. Tu *recevra* de lui nos dernières instructions, me
dirent-ils, et tu *terminera* un procès ruineux pour toute
notre famille. En vain nos ennemis *concevrait*-ils le projet
de pousser les choses plus loin ; montre-leur cette pru-

3

dence modérée que nous te *recommandon* avec le plus grand soin.

114e EXERCICE. — 206 *bis.*

Changez le nombre des mots en *italiques.*

Nous *répandons* de l'eau. *Attendez* que la pluie cesse. Nous *dépendons* en tout de Dieu. Voulez-vous donc que nous *interrompions* nos jeux ? *Voudriez*-vous que les *architectes* interrompissent leurs travaux ? Il se *mit* à lire en attendant. Dès que l'*orateur* eut fini son discours, il descendit de la tribune. Les *bergers* tondent les moutons. Les *oiseaux* perdirent leurs plumes. Je *suspendis* le lustre. Dieu défend le mensonge. Pour un seul mensonge *je* perds la confiance de mon maître. J'avais déjà répondu à mon père quand je reçus sa seconde lettre. Si *vous* entendez médire, fermez les oreilles. Ne *perdez* pas votre temps au jeu. *Tu* serais bien étonné si tu avais entendu ce que ton *frère* a raconté.

115e EXERCICE. — 206 *bis.*

Mettez à la place des *tirets* les lettres qui peuvent manquer.

Une Fille à sa Mère.

Tu me demande—, ma bonne mère, quel est l'emploi de mon tem— depuis ton départ. Je sui— exactement tes conseils. Chaque jour j'invoqu— dans mon cœur ton précieux souvenir et je m'essai— dans mes action— à marcher sur tes trace—, certain— que je sui— qu'il n'est pas pour moi de meilleur modèle à suiv—. A ton exemple donc, je me lèv— de grand matin, car je me rappel— ce que tu m'as dit souvent : que tout— les heur— données à la pares— sont perdues pour le bonheur. Après m'êt— habillée promptement et proprement, je m'agenouil— devant celui qui nous protége, et dont la grâce raffermit en nous les bon— penchan—, et je lui demand— d'étend— sa main protect— sur toi, ma mère, et sur tou— ceu— que j'aim—. Je le suppli— aussi d'écarter de mon cœur toute épreuve au-dessus des force— qu'il m'a données.

116e EXERCICE. — 206 *bis.*

Mettez à la place des *tirets* les lettres qui peuvent manquer.

Une Fille à sa Mère. (Suite.)

Ce premier devoir rempli, je me livr— dans le ménage

au— soin— que tu m'as confiés, je pourvoi— au— besoin— de la journée, et en donnant des ord— au— domestique— je m'appliqu— à prévoir tou— ce qui pourrait être utile ou agréable à mon père, ainsi qu'à mon
frère et à ma jeune sœur. L'heur— venue, j'éveill— cel—
ci, je l'habill— moi-même, puis je la condui— auprès de
notre père qui nous embrasse en nous parlant de toi. Après
le déjeuner, Adèle me présente ses devoir— que j'exa-
min— attentivement avant l'arrivée de ses maître—. Je
la lou— ou la grond— selon qu'elle me semble l'avoir
mérité, et quand un mot affectueu— a fait couler les larmes de la cher— peti—, je les essui— par un tendre
baiser, et reçoi— en ton nom ses promess— pour l'avenir.

117ᵉ EXERCICE. — 206 *bis.*

Remplacez les *tirets* par les lettres qui peuvent manquer.

Une Fille à sa Mère. (Suite et fin.)

Après tou— ces leçon— au—quel— j'assist— en travaillant de mon côté, je sor— avec Adèle et notre vieill—
gouvernan—, je la mèn— à la promenade que tu nous a—
prescrite, et là je me plai— à la voir se livrer au— jeu—
et à la gaîté de son âge. De retour à la maison, après le
dîner pris en famille, et auquel mon père veut que je
présid— à ta place, nous nous réunissons tou— dans ta
chambre à coucher. C'est cel— que nous préférons, parce
que dans ce lieu plus qu'ailleurs mille objet— nous retra-
cent ton souvenir. Là, comme à table, je m'assied— à ta
place et m'efforc— de t'imiter; tour à tour je coud— ou je
brod—; je li— tout haut ou je joue aux échec— avec
mon père quand il n'a personne qui fasse sa partie. Enfin,
quand la soirée est finie, nous nous séparons en nous ré-
jouissant de nous trouver d'un jour plus rapprochés du
moment de ton retour, car nous comptons tou— ceu— de
ton absence.

118ᵉ EXERCICE. — 206 *bis.*

Corrigez les fautes des verbes en *italiques*, s'il y en a.

La foi *et* pour nous le plus grand des biens. Elle nous
éclaire et nous *instrui* dans les vérités les plus hautes et
les plus utiles au salut; elle *fai* de toutes nos prières autant de victimes agréables au Très-Haut; elle nous *élève*

au-dessus des choses périssables de ce monde pour nous *transporter* dans le sein de Dieu, et nous y *rendre* participants de sa justice, de sa gloire, de son immortalité; elle nous *fai* profiter des divers événements heureux ou malheureux qui *entre* dans l'ordre de la divine Providence; elle *et* une arche sainte où nous *sauvon* nos âmes au milieu de la corruption générale; enfin, sans elle, il *est* impossible de *plaire* à Dieu.

119e EXERCICE. — 206 bis.

Corrigez les fautes des verbes en italiques, s'il y en a.

Considéré la doctrine de Jésus-Christ. Elle *et* si belle, si solide et si profonde, qu'elle *émeu* d'admiration les Juifs eux-mêmes. Qui, en effet, n'en *admirerai* pas la pureté, la sagesse, la puissance invincible? Elle *a* converti le monde; elle a peuplé les déserts d'anachorètes; elle *a fai* prodiguer jusqu'à leur sang à des millions de martyrs de toute condition, de tout âge, de tout sexe, de tout pays; elle *a rendu* les richesses et les plaisirs méprisables; devant elle, la gloire humaine *a perdu* son éclat. Aidé de sa lumière, l'homme *et devenu* un ange; il *est allé* jusqu'à se *proposé* pour modèle la perfection de Dieu. Qui donc *oserais* lui refuser des hommages, à cette ravissante doctrine? Oui, elle *et* la vérité même; car celui qui nous l'a enseignée *vien* d'en haut, il *est* le Fils de Dieu.

120e EXERCICE. — 207.

Corrigez les fautes des mots en italiques, s'il y en a, et complétez ceux qui sont suivis d'un tiret.

Ce beau navire qu'on lanc— dernièrement devant vous es— parti pour l'expédition de la Crimée. Les anciens lanc— des flèches avec une adresse extrême. Nous *tançames* ces petits marmots qui *lancaient* des pierres. *Mangons* pour vivre, et ne viv— pas pour manger. En voyag— dans les pays inconnus où nous *avancames* témérairement, de nouveaux dangers nous menaçai— à chaque instant; des neiges continuell— *glacai* nos membres *engourdi* et nous forç— de suspendre notre marche. Notre armée *forca* l'aile droite des *ennemi*, elle *perca* à travers son centre; les ennemis néanmoins *renforcai* cette aile, et ne *renoncai* point à la victoire; tout à coup on *annonca* que l'action était *terminé* à notre avantage. *Logons* ici, car on y loge les *voyageur* à bon compte.

Corrigez les fautes des mots en *italiques*, s'il y en a, et complétez ceux qui sont suivis d'un *tiret*.

On se rappel— toujours avec plaisir ses bonnes actions. Les *enfant* qui épel— bien apprenne— l'orthographe avec plus de facilité. *Appelé* votre ami; il chancel— dans l'en- treprise qu'il projet—. Ce que les riches jet— et dédaign— ferait le bonheur de bien des pauvr— gens. Celui qui *sème* n'est pas toujours celui qui recueil—. Ne rejet— point sur les autres les fautes que nous avons faites. Quel homme ne se rappel— avec plaisir les lieux où s'écoula son en- fance. En Russie, il gel— pendant huit mois de l'année. La Seine gel— entièrement en 1829. Ne souffrez pas qu'on empiet— sur vos droit—. Ne révél— pas le secret qui vous a été confié. Les animaux vive— et les plantes végè—. N'empiét— point sur le terrain de nos voisins ou bien ils empiét— sur le nôtre. Nous n'appel— jamais nos fautes du même nom que nous donnons à celles d'au- trui. Nous soignons notre santé qui chancel— depuis quelque tem—; soign— vous la vôtre? elle m'inquièt— beaucoup.

Corrigez les fautes des mots en *italiques*, s'il y en a, et complétez ceux qui sont suivis d'un *tiret*.

La vérité d'un récit s'altèr— en passant de bouche en bouche. Pourquoi *criez*-vous si fort il n'y a qu'un ins- tant? vous *niez* un fait incontestable. Le testament de la plupart des hommes révèl— leurs fautes. Les Juifs *célèbre* la Pâque debout et en *mangeant* du pain sans le- vain. Nous nous *tutoyons* lorsque nous *étudions* au lycée. Je vois bien que vous ne me *croyez* pas tout à l'heure. Les avantages de l'esprit et de la beauté ne se *cède* jamais. Il faut que vous pli— votre humeur à celle des autres, si vous voul— vivre en paix. Les méchants, les ambitieux, les rivaux se *haisse*. Un père ne *hai* point son enfant, même coupable; il ne *hai* que ses fautes. Celui qui *hai* ses vices est à demi corrigé. Lorsque vous êtes venu nous voir hier nous *jouons* aux cartes. Il faudrait que nous *continuons* notre travail et que vous *continuez* vos exercices.

<h3 style="text-align:center">123ᵉ EXERCICE. — 206 bis.</h3>

Mettez au pluriel.

Je paie l'amende. Je corrige mon thème. Je rince le verre. J'emploie mon argent. Je cède ma place. Je jette une pierre. J'appelle au secours. Tu achètes un châle. Tu partages ton pain. Tu sèches tes pleurs. Tu épelles bien. Tu nettoies tes dents. Tu rejettes ma proposition. Le chien aboie. La rivière gèle. Le malheureux espère. L'ennemi assiége la ville. Cet enfant prononce mal. Cet homme grasseye. Je payais l'amende. Je m'appuyais sur la rampe. J'oubliais de t'écrire. Je jouais du piano. Tu priais Dieu. Tu avouais le fait. Tu effrayais l'enfant. Tu côtoyais le bord. Tu essuyais les larmes. Je nettoyais pendant que tu balayais. J'étudiais pendant que tu jouais. Je m'ennuyais chez moi pendant que tu voyageais. Il faut que j'emploie bien mon temps aujourd'hui; que je me lève à cinq heures; que je prie Dieu; que j'étudie ma grammaire; que je répète mon verbe; que j'achève mes copies, et que je travaille beaucoup. Il faut que j'avoue mes torts; que j'oublie le passé, et que je mène une vie sage et réglée.

<h3 style="text-align:center">124ᵉ EXERCICE. — 206 bis.</h3>

Mettez au singulier.

Ne vendez pas la peau de l'ours avant de l'avoir tué. Si vous achetez le superflu, vous vendrez bientôt le nécessaire. Les pêchers fleurissent de bonne heure. Nous désirerions que vous réussissiez. Nous ne concevons pas qu'ils aient osé parler. Ecoutons beaucoup; parlons peu. Avec un peu de réflexion ils n'eussent pas tardé à reconnaître leur erreur. Si vous aviez fait attention, vous auriez évité bien des fautes. Nous voudrions que ces affaires s'arrangeassent. Nous nous découvrions chaque fois que nous prononcions le saint nom de Dieu. Vous vous lèverez devant la tête chauve. Attelez les chevaux. Dites aux cochers qu'ils attellent. Nous forçons la serrure. Nous achetons un voile. Nous abrégeons le discours. Nous essuyons les mains. Nous cachetons la lettre. Vous pelez des pommes. Vous employez la force. Vous rejetez la tasse.

Vous achevez vos devoirs. Vous appuyez le bras. Les sources ruissellent. Ces enfants bégaient. Les canards plongent. Les vaisseaux échouent.

125ᵉ EXERCICE. — 98.

Écrivez aux huit temps simples (nᵒˢ 5, 7, 9, 11, 13, 15, 16, 18) les verbes suivants dont les temps dérivés se forment d'après les règles sur la formation des temps, et dont voici les temps primitifs :

Bouillir.	Bouillant.	Bouilli.	Je bous.	Je bouillis.
Dormir.	Dormant.	Dormi.	Je dors.	Je dormis.
Fuir.	Fuyant.	Fui.	Je fuis.	Je fuis.
Mentir.	Mentant.	Menti.	Je mens.	Je mentis.

126ᵉ EXERCICE. — 98.

Offrir.	Offrant.	Offert.	J'offre.	J'offris.
Ouvrir.	Ouvrant.	Ouvert.	J'ouvre.	J'ouvris.
Partir.	Partant.	Parti.	Je pars.	Je partis.
Sentir.	Sentant.	Senti.	Je sens.	Je sentis.

127ᵉ EXERCICE. — 98.

Servir.	Servant.	Servi.	Je sers.	Je servis.
Sortir.	Sortant.	Sorti.	Je sors.	Je sortis.
Souffrir.	Souffrant.	Souffert.	Je souffre.	Je souffris.
Tressaillir.	Tressaillant.	Tressailli.	Je tressaille.	Je tressaillis.

128ᵉ EXERCICE. — 98.

Vêtir.	Vêtant.	Vêtu.	Je vêts.	Je vêtis.
Battre.	Battant.	Battu.	Je bats.	Je battis.
Conclure.	Concluant.	Conclu.	Je conclus.	Je conclus.
Conduire.	Conduisant.	Conduit.	Je conduis.	Je conduisis.

129ᵉ EXERCICE. — 98.

Confire.	Confisant.	Confit.	Je confis.	Je confis.
Connaître.	Connaissant.	Connu.	Je connais.	Je connus.
Coudre.	Cousant.	Cousu.	Je couds.	Je cousis.
Craindre.	Craignant.	Craint.	Je crains.	Je craignis.

130ᵉ EXERCICE. — 98.

Croire.	Croyant.	Cru.	Je crois.	Je crus.
Croître.	Croissant.	Crû.	Je crois.	Je crûs.
Ecrire.	Ecrivant.	Ecrit.	J'écris.	J'écrivis.
Exclure.	Excluant.	Exclu.	J'exclus.	J'exclus.

131ᵉ EXERCICE. — 98.

Joindre.	Joignant.	Joint.	Je joins.	Je joignis.
Lire.	Lisant.	Lu.	Je lis.	Je lus.
Maudire.	Maudissant.	Maudit.	Je maudis.	Je maudis.
Médire.	Médisant.	Médit.	Je médis.	Je médis.

132e EXERCICE. — 98.

Mettre.	Mettant.	Mis.	Je mets.	Je mis.
Moudre.	Moulant.	Moulu.	Je mouds.	Je moulus.
Naître.	Naissant.	Né.	Je nais.	Je naquis.
Nuire.	Nuisant.	Nui.	Je nuis.	Je nuisis.

133e EXERCICE. — 98.

Paraître.	Paraissant.	Paru.	Je parais.	Je parus.
Plaire.	Plaisant.	Plu.	Je plais.	Je plus.
Repaître.	Repaissant.	Repu.	Je repais.	Je repus.
Résoudre.	Résolvant.	Résolu.	Je résous.	Je résolus.

134e EXERCICE. — 98.

Rire.	Riant.	Ri.	Je ris.	Je ris.
Rompre.	Rompant.	Rompu.	Je romps.	Je rompis.
Suffire.	Suffisant.	Suffi.	Je suffis.	Je suffis.
Suivre.	Suivant.	Suivi.	Je suis.	Je suivis.

135e EXERCICE. — 98.

Taire.	Taisant.	Tu.	Je tais.	Je tus.
Teindre.	Teignant.	Teint.	Je teins.	Je teignis.
Vaincre.	Vainquant.	Vaincu.	Je vaincs.	Je vainquis.
Vivre.	Vivant.	Vécu.	Je vis.	Je vécus.

136e EXERCICE. — 100, 101, 102.

Ecrivez aux huit temps simples les verbes *placer, manger, appeler, jeter.*

137e EXERCICE. — 103, 104.

Ecrivez aux huit temps simples les verbes *lever, céder, protéger, plier.*

138e EXERCICE. — 105, 106.

Ecrivez aux huit temps simples les verbes *balayer, ployer, secouer, suer.*

139e EXERCICE. — 107, 206 bis.

Ecrivez aux huit temps simples les verbes *haïr, crier, lier, créer.*

140e EXERCICE. — 208.

Ecrivez aux huit temps simples les verbes *aller, envoyer, acquérir, courir.*

141e EXERCICE. — 208.

Ecrivez aux huit temps simples les verbes *cueillir, mourir, tenir, venir.*

142e EXERCICE. — 208.

Ecrivez aux huit temps simples les verbes *asseoir, mouvoir, pouvoir, prévaloir.*

143e EXERCICE. — 208.

Ecrivez aux huit temps simples les verbes *savoir, valoir, voir, vouloir.*

144ᵉ EXERCICE. — 208.

Ecrivez aux huit temps simples les verbes *boire, faire, faillir, falloir.*

145ᵉ EXERCICE. — 207, 208.

Ecrivez au singulier les phrases qui sont au pluriel, et au pluriel celles
qui sont au singulier.

Le vaisseau va à pleines voiles. Tu renvoies tes gens. Je
vais à la campagne. Le médecin l'envoie aux eaux. Tu
vas me renverser. Je t'envoie ce cadeau. Cette pendule ne
va pas bien. Après avoir été à Rome, j'allai à Naples. Il
est juste que nous allions voir les personnes qui sont venues nous voir. Les maux s'en vont. Nous y allons. Nous
l'envoyons promener. Vous allez au galop. Vous renvoyez
votre équipage. Tu m'enverras le paquet par la diligence;
mais il faut que tu me l'envoies sur-le-champ. Le musée
est ouvert; y allez-vous? Que de raisins! allons-en prendre.
Je lui ai dit va-t'en, et il s'en est allé.

146ᵉ EXERCICE. — 207, 208.

Ecrivez au pluriel.

Comme ce cheval court! il parcourt la lice en cinq minutes. Lis doucement; ne cours pas. Il faudrait qu'il cou-
rût plus vite pour l'atteindre. Je bous d'impatience. Il se
tient le côté de rire. Il s'offre de bonne grâce. Je meurs de
faim. Je vous offre ma maison. Quand pars-tu pour Lyon?
Je cueille des lauriers. Cette carpe sent la vase. Il meurt
en chrétien. Le compas sert à tracer des cercles. Le prisonnier s'enfuit. L'eau jaillit avec violence. Le juge découvre la vérité. Elle dort comme une marmotte. Tu
acquiers des amis. Elle ne se repent pas de sa faute. Cette
clef ouvre plusieurs serrures. La voiture part à cinq heures. Mon frère court mieux que moi. Le légume bout.

147ᵉ EXERCICE. — 207, 208.

Ecrivez au pluriel.

Tu acquiers des amis. Tu ouvres les volets. Tu te re-
pens de ta conduite. Que ne te vêts-tu pas mieux? Tu con-
viens de cela. Tu soutiens le contraire. Tu hais le froid.
Tu souffres la soif. Tu dors d'un profond sommeil. Tu ne
sors que le matin. Tu finis le travail. Tu ne sens pas la

3.

moindre douleur. Tu cours la poste. Je ne mens pas. Je
hais la calomnie. Je tiens ma promesse. J'acquiers une
ferme. J'irai bientôt habiter la campagne, et, si tu le
trouves bien, je t'enverrai souvent de mes meilleurs fruits.
Mon ami, envoie-moi ton valet; si tu ne me l'envoies pas,
il faudra que je t'envoie le mien. Le bord ne doit pas tant
saillir.

148ᵉ EXERCICE. — 207, 208.
Ecrivez au singulier.

Ces balcons saillent trop. Les justes meurent en paix.
Elles haïssent la médisance. Ils ne se souviennent de rien.
Les nuages fuient. Ces enfants ne retiennent pas. C'est
vous qui mentez. Vous ne haïssez personne. Nous revê-
tons la terrasse de gazon. Nous entr'ouvrons les fenêtres.
Les vignes souffrent beaucoup. Ces vins acquièrent de la
force. Nous courons à bride abattue. Nous obtenons la permission. Nous repartons demain. Les yeux lui sortent de
la tête. Les justes dorment en paix. Nous mourons contents. Nous haïssons la fausseté. Quel jour revenez-vous?
Nous acquérons toute son estime. Nous dormons profon-
dément. Vous l'accueillez froidement. Vous mourez de la
mort des braves. Vous consentez à ce que je parte. Nous
recueillons du foin.

149ᶜ EXERCICE. — 207, 208.
Ecrivez au singulier.

Nous ressentons des douleurs. Nous fuyions hors de
notre pays. Les choux bouillent. Se repentent-ils de leurs
torts? Nous nous servons de l'estampe. Nous recueillons
du foin. Nous obtenons la permission. Nous nous en sou-
venons. Vous ne courez aucun risque. Vous me couvrez
de confusion. Vous devenez tout rouge. Vous vous en-
fuyez. Vous vous rendormez. Vous vous servez de l'é-
querre. Vous ne sortez pas de cet embarras. Quel jour
revenez-vous? Vous ne retenez pas votre haleine. Quand
mourrons-nous? Comme nous fuyions, lorsque nous nous
sommes vus poursuivis par cet animal féroce! Plus vous
vous donnerez à l'étude, plus vous acquerrez de science;
et, au contraire, plus vous perdrez votre temps, plus aussi
vous courrez risque de rester ignorants. Les solitaires acquièrent beaucoup de mérite aux yeux de Dieu.

150e EXERCICE. — 207, 208.

Ecrivez au pluriel.

Je m'assieds à côté de vous. Je vaux autant que lui. Je veux y réfléchir. Je déchois de mon rang. Il faut que j'y aille. Je prévois la chose. Je pourvois à mes besoins. Je ne sais pas où j'en suis. Il me faut un livre. Je ne puis. Tu me dois mille francs. Tu t'assieds trop près de moi. Tu ne sais pas ta leçon. Veux-tu l'apprendre? Il faut que tu le saches. Tu le vois bien. Es-tu bien assis comme cela? Il te faut un canif. Tu ne vaux pas grand'chose. Puisses-tu arriver bientôt! Cet homme n'y voit pas. Il peut tout ce qu'il veut. Il se prévaut de sa naissance. Ce corps se meut en ligne droite. L'élève s'assied. Cet habit ne vous sied point. Elle ne sait pas ce qu'elle vaut. Le billet échoit le treize. Il faut qu'elle s'habille. Je voudrais que tu visses et que tous les hommes vissent ainsi les choses.

151e EXERCICE. — 207, 208.

Ecrivez au singulier.

Vous valez mieux que moi. Vous voulez vous esquiver. Vous pouvez vous retirer. Vous entrevoyez des difficultés. Vous n'y voyez goutte. Vous vous asseyez à l'ombre. Il faut que nous y pourvoyions. Vous n'en savez rien. Nous voyons de grands obstacles. Nous leur en voulons. Nous prévoyons le danger. Nous pourvoyons à tout. Nous n'en pouvons plus. Nous nous asseyons sur le gazon. Ces ragoûts ne valent plus rien. Ces brasselets vous siéent bien. Dussions-nous la perdre. Puissions-nous l'égaler! Elles ne veulent pas s'y soumettre. Nous lui en savons gré. Ces malheurs m'émeuvent. Ils prévoient les événements. Ils peuvent bien en mourir. Lorsque nous mouvons la tête, nous risquons d'y déranger quelque chose. Vous ne vous doutiez pas que nous voyions vos défauts.

152e EXERCICE. — 207, 208.

Ecrivez au pluriel.

Je ne me plains pas de ma disgrâce. Je fais mon devoir et ne crains rien. Je ne bois que de l'eau. Je couds du linge. Je joins les mains. Je crois en Dieu. Je crois à vue d'œil. Je parais coupable. Je ris aux éclats. Je vaincs mes passions. Je suis le voleur à la piste. Crois-tu cet homme-là?

Tu connais sa voix. Tu peins à l'huile. Tu vaincs ton ambition. Tu conduis la barque. Tu ne dis pas la vérité. Tu te plais à me taquiner. Tu médis de tout le monde. Tu prends médecine. L'homme naît, vit quelques heures et meurt. Ce garçon écrit mal, mais il lit bien. Je vis de mon travail. Tu vis en grand seigneur. Je fais des dettes. Tu ne mets pas d'eau dans le vin.

153e EXERCICE. — 207, 208.

Ecrivez au pluriel.

Cette demoiselle joint la douceur à la majesté. Elle vainc sa colère. Le chameau boit beaucoup. Cette couturière coud assez bien. Cette somme ne suffit pas. Cette fille apprend à broder. Le vaisseau fait naufrage. Le cheval craint l'éperon. Le niais rit hors de propos. L'arc-en-ciel disparaît. Le prêtre absout le pénitent. L'eau croît et décroît. Elle déplaît à tout le monde. L'écolier met son écrit au net. Je ne puis rien par moi-même. Le travail entretient la santé. La vapeur se résout en pluie. Tu ne fais rien qui vaille. Si tu te conduis bien, tu acquerras l'estime des honnêtes gens. Tu te contredis. Cet enfant naquit et mourut le même jour. Malheureuse ville, tu te verras bientôt attaquée dans tes murailles. Cet homme ne voulut pas écouter la voix de la raison. Tel est absous qui n'est pas justifié.

154e EXERCICE. — 207, 208.

Ecrivez au singulier.

Ces preuves me convainquent. Ces nouvelles vous surprennent. Nous combattons à pied. Nous le plaignons sincèrement. Les lumières s'éteignent. Les étoiles paraissent petites. Nous buvons un verre d'eau. Nous peignons en miniature. Nous les reconduisons. Ces acides dissolvent les métaux. Les arbres croissent très-vite. Les fleurs éclosent. Ces enfants rompent tout. Les enfants battent la mesure. Vous me permettez de rentrer. Vous survivez à tous vos amis. Nous souscrivons à tout. Nous résolvons ce problème. Nous moulons du café. Nous le suivons de loin. Nous paraissons suspects. Nous vivons pour servir Dieu. Vous buvez à longs traits. Vous les absolvez tous. Vous n'atteignez pas le but. Vous moulez du poivre. Les enfants rompent tout. Nous souscririons volontiers à vos

désirs si nous le pouvions raisonnablement. Nous mou-
lions autrefois une plus grande quantité de grains que
nous n'en moulons aujourd'hui.

155ᵉ EXERCICE. — 98, 207.
Ecrivez au *présent de l'indicatif* les verbes soulignés.

Il faut souffrir les maux que Dieu nous *envoyer*. Le lait
bouillir. Les choux *bouillir*. Le bruit *courir* que vous par-
tirez. Comme ces chevaux *courir*. Il va périr si vous ne le
secourir. La rougeur *couvrir* son visage. Nous ne *cueillir*
pas de rose sans épine. Tu *dormir*, Brutus. Les lilas *fleurir*
de bonne heure. Hâtons-nous, le temps *fuir*. Ces hommes
se *fuir* l'un l'autre. Les voleurs *s'enfuir*. Ci *gésir* feu ma
tante. C'est là que *gésir* le lièvre. Je ne *haïr* personne.
Faites du bien à ceux qui vous *haïr*. Ne la croyez pas, elle
mentir. Votre lampe se *mourir*. Les marchands n'*ouvrir*
pas les jours de fête. Pourquoi ne *partir*-tu pas? Je me
repentir d'avoir offensé Dieu par mes péchés. Vous *repentir*-
vous de vos fautes? Tout *s'acquérir* par l'exercice. Les
biens sont rarement pour ceux qui les *acquérir*. Tu *sentir*
le tabac. Ces fleurs *sentir* bon. A quoi *servir* ces machines?
Cette broderie *ressortir* bien sur ce fond bleu. Je me *vêtir*
selon mon état. Si donc Dieu *revêtir* ainsi l'herbe des
champs, combien plus vous revêtira-t-il, ô gens de peu
de foi! La lune se *mouvoir* autour de la terre. Les plantes
se *mouvoir* autour du soleil.

156ᵉ EXERCICE. — 98, 207.
Ecrivez au *passé défini* les verbes soulignés.

Après avoir été à Rome, nous *aller* à Naples. Les troupes *accourir* pour défendre la place. Son front se *couvrir*
d'une aimable rougeur. C'est le portugais Cabral qui *découvrir* le Brésil. Nous *recueillir* un pauvre enfant que
nous *trouver* presque mourant. Je *faillir* de tomber. Il
faillir être assassiné. Nous *faillir* tous périr dans le port.
Dès ce moment les forces du malade *défaillir*. Les ennemis *s'enfuir* en désordre. Ce que nous *haïr* autrefois, nous
l'aimons aujourd'hui. Ananias et Saphire *mentir* au Saint-
Esprit. Adam *mourir* à l'âge de 930 ans. C'est mon frère
qui *acquérir* cette propriété. Alexandre-le-Grand *conquérir*
une partie de l'Asie. Elle *pressentir* l'heure de sa mort.

Elle *tenir* les yeux baissés. Vous ne me *tenir* pas parole.
Vous *obtenir* facilement la permission. Je *retenir* cela. Les
armées en *venir* aux mains. Il *s'émouvoir* à la vue du péril.
Je *prévoir* bien dès lors ce qui en arriverait. Nous *pour-*
voir à tout. Socrate *boire* la ciguë. Les anciens peuples
contraindre les prisonniers de guerre à devenir des esclaves. Elle *croire* entendre des cris. Les prophètes *prédire*
la venue du Messie. Sylla *proscrire* trois ou quatre mille
citoyens romains. Napoléon *défaire* les Autrichiens et les
Russes à Austerlitz.

157e EXERCICE. — 98, 207.

Ecrivez à *l'imparfait de l'indicatif* les verbes soulignés.

L'avenir se *découvrir* à ses yeux. Les lettres *fleurir* sous
Louis XIV. Nous *gémir* tous deux sur un misérable gra-
bat, tandis que les autres *dormir* sur la paille. Je *mourir*
de soif. Je *sentir* battre mon cœur. Je viendrais vous voir
si la goutte ne me *retenir* pas dans le lit. Il y avait un
homme qui se *revêtir* de pourpre et de lin. Il dépense de
l'argent comme s'il en *pleuvoir*. Nous *combattre* corps à
corps. En Normandie nous ne *boire* que du cidre. Les pi-
rates *craindre* d'être attaqués. Nous *croire* entendre des
gémissements. Les anciens *écrire* sur des tablettes en-
duites de cire. Mes compatriotes me *faire* mille amitiés.
Turenne *joindre* la prudence à la valeur. Autrefois on
oindre les athlètes pour la lutte. Quel auteur *lire*-vous?
Nous *moudre* autrefois une plus grande quantité de grain
que nous n'en moulons aujourd'hui. Selon les anciens, le
Phénix *renaître* de ses cendres. De nombreux troupeaux
paître sur ces montagnes. Les lauriers *ceindre* le front
du vainqueur. Napoléon *veiller* souvent, quand son armée
prendre du repos. Démocrite *rire* sans cesse, Héraclite
pleurer toujours. Nous *rire* beaucoup. Je me *rire* de vos
menaces. Le prêtre *absoudre* le pénitent en faveur de son
repentir. Nous arrivâmes au moment où ils *traire* leurs
vaches.

158e EXERCICE. — 98, 207.

Ecrivez au *futur absolu* les verbes soulignés.

Vous m'*envoyer* le paquet par la diligence. Retirez cette
eau aussitôt qu'elle *bouillir*. Vous ne *courir* aucun danger.
Je *cueillir* des fraises. Semez avec peine, et vous *recueil-*

lir avec usure. Cet ami ne lui *faillir* pas au besoin. Tu ne *haïr* pas ton prochain. Tu ne *mentir* point. Les envieux *mourir*, mais non l'envie. Vous n'*ouvrir* pas cette boîte. Ce jeune homme *acquérir* du savoir. Moins nous *exiger*, plus nous *obtenir*. Je *retenir* cela longtemps. Quand *savoir*-nous vivre en frères? Dieu y *pourvoir*. Vous ne *rabattre* rien de ce prix? Je n'en *rabattre* pas un centime. Vous me *connaître* mieux un jour. Quand je *coudre* mes gants, je *coudre* aussi les vôtres. Vous en *croire* ce qu'il vous *plaire*. Les jours *croître* bientôt. Les eaux *croître* et *soulever* l'Arche. Je ne vous *décrire* pas cette plante. J'*inscrire* cela dans mon carnet. Nous *frire* les truites que nous avons prises. Je *partir* dès que le jour *poindre*. Vous *lier* ce paquet, puis vous *lire* cette lettre. Elle ne se *remettre* pas sitôt de cette maladie. On *moudre* le blé aujourd'hui. Semez des bienfaits, il en *naître* d'heureux souvenirs. Votre indiscrétion vous *nuire* auprès de bien des gens.

159ᵉ EXERCICE. — 98, 207.

Écrivez au *conditionnel présent* les verbes soulignés.

Tout *aller* bien s'il voulait se donner la peine de travailler. Je me doutais bien qu'on *renvoyer* cette domestique. Je ne *fuir* pas même en face d'une mort certaine. Je me *mettre* en route lors même qu'il *pleuvoir* des hallebardes. Autant *valoir* se retirer. Si notre amour-propre ne nous aveuglait, nous *prévoir* une foule de maux. J'*accroître* volontiers mon jardin. On *dire* à l'entendre qu'il veut tout faire. Vous *médire* de tout le monde. Sans vous nous n'*atteindre* jamais le but. Je croyais qu'on *absoudre* l'accusé; cependant il n'a pas été absous. On *convaincre* difficilement cet homme. Nous *vaincre* s'il nous arrivait des renforts. Nous nous *asseoir* à l'ombre. Moins nous *exiger*, plus nous *obtenir*. Celui qui ne *viser*, en faisant le bien, qu'à éviter des reproches, n'*acquérir* jamais de vertu.

160ᵉ EXERCICE. — 98, 207.

Écrivez à l'*impératif* les verbes soulignés.

Le musée est ouvert: *aller*-y, mon fils. *Lire* doucement, ne *courir* pas. Ne *haïr* pas nos ennemis. *Mourir*, traître! *Mourir* tous pour la patrie. *Savoir* vaincre nos passions.

Messieurs, *vouloir* n'en rien dire à personne. Le bon Dieu *vouloir* conserve vos jours. *Battre* les œufs, mon petit ami. *Boire* un coup, mon petit ami. *Connaître*-toi toi-même. La doublure de mon gilet s'est décousue; *recoudre*-la, s'il vous plaît. Mesdames, ne *craindre* rien. *Croire* au Seigneur Jésus-Christ, et tu seras sauvé. *Croître* dans la grâce et dans la connaissance du Seigneur. Vous avez dit du mal de mon frère, *dédire*-vous. Ne *maudir* personne. *Transcrire*-moi ce cahier. Ne *faire* pas vous-même ce qui vous déplaît dans les autres. *Joindre* les mains. *Mettre* tes affaires en ordre. Ne *commettre* pas cette injustice. Emouleur, *émoudre*-moi ces ciseaux. Si vos revenus ne vous permettent pas de vivre largement, *restreindre* vos dépenses.

161ᵉ EXERCICE. — 98, 207.

Ecrivez au *subjonctif présent* les verbes soulignés.

Il est juste que j'*aller* voir les personnes qui sont venues me voir. Il faut que vous m'*envoyer* le paquet sur-le-champ. Qu'on se *découvrir!* Il faut que je *dormir* encore quelques minutes. Il faut que nous *fuir* les mauvais exemples. Je l'aime quoiqu'il me *haïr*. Il est impossible que Dieu *mentir*. Seigneur, descends avant que mon fils *mourir*. Il faut que je *partir* tout à l'heure. Pensez-vous qu'elle s'en *repentir?* Je crains qu'il ne *tenir* pas sa promesse. Je crains qu'il ne *venir*. Il est impossible que l'homme le plus fort *mouvoir* cette masse sans un levier. Il y a peu d'hommes qui *savoir* se contenter de leur sort. Il n'est venu personne que je *savoir*. Je ne crois pas qu'il *valoir* la peine d'y penser. Il ne faut pas que la coutume *prévaloir* sur la raison. Il en sera ainsi, que vous le *vouloir* ou non. Il faut que vous *boire* du petit lait tous les matins. Jésus a dit: Si quelqu'un a soif, qu'il *venir* à moi et qu'il *boire*. Cet homme mérite qu'on le *plaindre*. Il faut qu'il *croître* et que je *diminuer*. Il faut que cette viande *cuire* dans son jus. Quoiqu'il *dire*, vous le contredisez. Voulez-vous que j'en *écrire* au préfet? Je désire qu'il *lire* moins et qu'il *lire* mieux.

162ᵉ EXERCICE. — 98, 207.

Ecrivez à l'*imparfait du subjonctif* les verbes soulignés.

On ne croyait pas que la fièvre s'en *aller* si tôt. Il faudrait qu'il *courir* plus vite pour l'atteindre. Je l'aimai, quoiqu'il me *haïr*. Que vouliez-vous qu'il *faire* contre trois ? Qu'il *mourir*. Elle restait tranquille, quoiqu'elle *souffrir* beaucoup. Il fallait que vous vous *tenir* prêt à tout événement. Je ne savais pas que ce livre vous *appartenir*. Plût à Dieu que les beaux jours *revenir !* Se pourrait-il qu'elle *savoir* déjà la chose ? Il n'était pas convenable que nous nous *asseoir* en sa présence. Pour finir leurs différends, il faudrait qu'ils s'*entrevoir*. Nous ne croyions pas qu'il *vouloir* se mettre sur les rangs. Je ne croyais pas qu'il *reconnaître* sa sœur. Il fallait que j'*écrire* à Paul pour avoir des écrevisses. Il était le seul qui *lire* couramment. Il suffirait que vous *paraître*, pour que chacun *disparaître*. Il faudrait que je *peindre* cette scène à plus grands traits. On doutait que nos troupes épuisées *vaincre* des troupes fraîches. Il faudrait qu'à l'avenir je *vivre* moins pour moi et plus pour les autres.

163ᵉ EXERCICE. — 98, 207.

Ecrivez au *présent de l'indicatif* les verbes soulignés.

Allez ! je ne *craindre* pas le feu. Nous *rougir* d'entendre ce que nous *craindre* de faire. Tout le monde *plaindre* sa perte. Nous nous *plaindre* de sa mauvaise conduite. Les hommes en *croire* plus leurs yeux que leurs oreilles. Mauvaise herbe *croître* toujours. Ces arbres *croître* à vue d'œil. C'est le soleil qui *cuire* tous les fruits. La chaleur des eaux de Bade est telle, qu'elle *cuire* un œuf en cinq minutes. Ils se *dire* des injures. Ne regardez pas comme votre ami celui qui approuve tout ce que vous *dire*. Les Hébreux *écrire* de droite à gauche. Je *souscrire* à tout ce que vous *dire*. L'union *faire* la force. Que *faire*-vous là ? Nous *faire* de la musique. Les marchands qui *surfaire* ne sont pas estimés. Le beurre *frire* dans la poêle. Dieu *lire* dans les cœurs. Nous *lire* chaque jour un chapitre de la Bible. Tout ce qui *reluire* n'est pas or. Chaque matin je *promettre* à Dieu d'être docile à sa voix. Ce moulin ne *moudre* pas assez bien. Les moulins à eau *moudre* mieux que ceux à vent. Tout ce qui *naître* est sujet à mourir. Les fleurs *naître* au printemps. Les fruits verts *nuire* à la santé. Ses manières lui *nuire* beaucoup.

164e EXERCICE. — 98, 207.

Ecrivez au *passé défini* les verbes soulignés.

Ils *joindre* leurs efforts aux nôtres. L'orateur *lire* un long discours. Les troupes *mettre* bas les armes. Henri IV *naître* à Pau en Béarn. Beaucoup de grandes découvertes *naître* du hasard. Cette affaire *nuire* à sa réputation. Bientôt la côte *disparaître* à nos yeux. La frégate *feindre* d'aborder le vaisseau. Les rivières se *teindre* de sang. Il se *plaire* à me contredire. Nous nous *déplaire* en ce lieu. La mère la *reprendre* doucement. L'orateur s'*interrompre* au milieu de son discours. La mer et les vents se *taire* à la voix de Jésus. Dans la dernière campagne, nous *vaincre* trois fois l'ennemi. Enfin, je *vaincre* sa résistance. On *convaincre* l'accusé de crime. Les jumeaux César et Constantin Faucher *naître*, *vivre* et *mourir* ensemble.

165e EXERCICE. — 98, 207.

Ecrivez au *présent du subjonctif* les verbes soulignés.

Je doute qu'un rayon d'espérance *luire* jamais pour eux. Que chacun se *mettre* à son aise. Permettez que je vous *soumettre* une observation. En cherchant à nuire aux autres il est rare que nous ne nous *nuire* pas à nous-mêmes. C'est un homme instruit, sans qu'il y *paraître*. Croyez-vous que je m'*astreindre* à de pareilles privations? Je suis étonné qu'il se *plaire* si longtemps dans cette société. La chose se passa ainsi, ne vous en *déplaire*. Qui ne sait pas son métier l'*apprendre* ou le *quitter*. Expliquez-vous clairement, si vous voulez que je vous *comprendre*. Quoi que vous *entreprendre*, faites-le au nom du Seigneur. Comment voulez-vous que je *rire*? Il faut que nous *vaincre* ou que nous *succomber* glorieusement. Cherchez le bien et non le mal, afin que vous *vivre*. Que rien ne vous *distraire* de vos occupations.

166e EXERCICE. — 98, 207.

Ecrivez au *présent de l'indicatif* les verbes soulignés.

Les mauvaises compagnies *corrompre* les bonnes mœurs. Dieu *absoudre* bien souvent ceux que les hommes *condamner*. Les acides *dissoudre* les métaux. La résine se *dissoudre* dans l'alcool. A quoi vous *résoudre*-vous? Peu de bien *suffire* au sage. Six cents francs par an *suffire* pour sa subsistance. Le repentir *suivre* le crime. Les jours se *suivre* et ne se *ressembler* pas. Les enfants se *taire*. Les vachers *traire* leurs vaches trois fois par jour. L'or qu'on *extraire* de cette mine est de bonne qualité. Le sage ne *vaincre* pas toujours ses passions. Il y a des gens qui ne *vivre* que pour eux seuls. Le tigre se *repaître* de chair. Le jour *paraître*. Les astres *paraître* et *disparaître*. Les sauvages se *peindre* le corps. La douleur se *peindre* dans ses regards. Elle *feindre* d'être en colère. Je vous *prendre* à témoin. Le prisonnier *rompre* ses fers. La viande se *corrompre* quand on la garde trop longtemps.

167ᵉ EXERCICE. — 98, 207.

Ecrivez au *futur absolu* les verbes soulignés.

Nos vaches ne *paître* pas dans ce pré. Au jour du jugement, nous *paraître* tous devant Dieu. Nous les *peindre* tels qu'ils sont. Vous en *rire* jusqu'aux larmes. Cette tumeur ne se *résoudre* pas facilement. Quand se *taire*-elle? Nous nous *soustraire* à la poursuite des ennemis. Vous ne me *vaincre* pas. Les bienheureux *vivre* éternellement avec Dieu dans sa gloire. Je *nouer* cette tresse. Je *dénouer* mes souliers. Nous *avouer* nos fautes. Ces enfants *communier* dimanche. Tu *supplier* le Seigneur. Vous *accentuer* mieux à l'avenir. Est-ce toi qui *distribuer* les drapeaux? Ce n'est pas vous qui les *tromper*. Il *payer* de sa personne. Nous *crier* la nouvelle sur les toits. Les roseaux *plier* et les chênes se *briser*. L'exercice et la tempérance *fortifier* votre santé. Moïse a dit: Vour ne *tuer* point, vous ne *dérober* point, vous n'*oublier* point le Seigneur votre Dieu. Le laboureur diligent *cultiver* et *labourer*.

168ᵉ EXERCICE. — 189.

Analysez les verbes.

Mon cher frère, je n'ai point reçu de tes nouvelles depuis plus de deux mois. Je suis en peine de toi. Que fais-tu donc? Pourquoi ne m'écris-tu pas? Tes lettres me font tant de plaisir: tu ne l'ignores pas! Je sais bien que tu es occupé, que tu travailles toute la journée; mais il reste bien toujours quelques moments pour écrire, quand on le veut bien, une petite lettre à son frère. J'en

attends une pour dimanche. Moi aussi je suis très-occupé
toute la semaine, et pourtant je t'écris. Adieu; ton
frère.

169e EXERCICE. — 189.

Analysez les noms, les articles, les adjectifs, les pronoms et les verbes
jusqu'à *soir*.

Mon bon frère, j'ai reçu ta lettre. Je suis tout honteux
d'avoir un peu mérité les reproches que tu me fais; mais
tu me pardonneras, tu es si bon, quand je t'aurai dit que
nous sommes bien occupés. Nous travaillons depuis le
matin jusqu'au *soir*. J'ai tant envie d'apprendre, que je ne
perds pas un seul moment. J'ai deux raisons surtout pour
bien apprendre. La première, c'est de faire plaisir à nos
excellents parents et à toi, mon frère; et la seconde me
regarde, moi. Je sens tous les jours de plus en plus que
ce que j'apprends me sera nécessaire.... Je m'en sers déjà
pour t'écrire. Ma santé est très-bonne. Le travail ne me
fatigue pas; j'y trouve du plaisir, et c'est, je crois, ce
qui fait passer nos journées si vite. Tu auras ma lettre
avant dimanche. Je me suis mis tout de suite à la faire.
Cela te prouvera combien je t'aime et combien je désire
être agréable à un frère si bon et si cher. Adieu.... Une
autre fois je te dirai ce que nous faisons.

LE PARTICIPE.

170e EXERCICE. — 117, 118, 119.

Corrigez les fautes des participes présents.

Un homme *mendiant* son pain; des femmes *mendiant*
leur pain. Je vis la lionne *déchirant* la gazelle. Me *pro-
menant* à la campagne, j'entendis le cri du coucou. Nous
aperçûmes alors les chiens *parcourant* les chemins, *aboyant,
flairant, prêtant* une oreille attentive au moindre bruit.
J'ai rencontré des femmes *obligeant*. Une caisse *pesant*
deux quintaux. Tous les corps *pesant* tendent en bas. En
soulageant les peines d'autrui, nous soulageons les nôtres.
Il n'est pas rare de voir des gens fort *ignorant* se croire
fort habiles. Les soldats, *ignorant* que leur général fût tué,
avancèrent toujours. La pauvre femme, *pressant* contre
son sein sa fille *souffrant*, cherchait à la consoler. Cette

histoire est *amusant*. Il a une âme naturellement *aimant*. La mère, *perçant* la foule, alla relever son enfant; elle jeta des cris *perçant*. On se hasarde de perdre en *voulant* trop gagner. L'ambitieux se perd en s'*élevant*. Il y a des peuples qui vivent *errant* dans les déserts. L'eau *dormant* devient bientôt *croupissant*. Ces enfants sont *obligeant* pour tous leurs camarades, aussi s'en font-ils chérir. On voit la tendre rosée *dégoûtant* des feuilles. Voyez-vous ces feuilles *dégoûtant* de rosée?

171ᵉ EXERCICE. — 120, 121.
Corrigez les fautes de participes.

Les Israélites, pendant quarante ans *arrêté* dans le désert, entrèrent enfin dans la terre promise, *conduit* par Josué, *devenu* leur chef à la mort de Moïse. Quel spectacle enchanteur que celui d'un beau matin d'été! les légers brouillards *répandu* sur la terre, peu à peu *dissipé* par les premiers rayons du soleil, laissent apercevoir graduellement tous les objets et tous les êtres *animé* et *vivifié* par la fraîcheur de la nuit; les fleurs *entr'ouvert répandu* sur la surface de la terre, les plantes *reverdi* sous l'influence de la rosée, s'offrent à nos sens *ravi*; la montagne au loin, *couronné* d'arbres verts et *ondoyant*, est encore comme *voilé* d'un tissu diaphane, tandis que, dans l'eau transparente du lac, se réfléchissent les peupliers à la tige *élancé*; le chêne séculaire est le seul *argenté*; puis les toits du village *dominé* par le clocher de la rustique église; tout enfin se réunit pour charmer nos regards, élever l'imagination. Une lettre *cacheté* est un dépôt sacré que tous les gens d'honneur sont *tenu* de respecter.

172ᵉ EXERCICE. — 123.
Corrigez les fautes de participes.

Je suis *arrivé*, la saison des fleurs est *arrivé*, nous sommes *arrivé*, vous êtes *arrivé*, les hirondelles sont *arrivé*. L'hiver est *passé*, les mauvais jours sont *passé*. Les beaux jours sont *revenu*. Quand les heures agréables sont *passé*, nous les regrettons. Nos amis sont *parti*, ils ont été bien *regretté*; ils étaient *aimé* de tout le monde. Beaucoup d'hommes ont été *méconnu* pendant leur vie, et n'ont été bien *apprécié* qu'après leur mort: telle est notre justice. Cette leçon a été *compris* aussitôt qu'elle a été *lu*. Les choses mal *su* sont bientôt *oublié*. Les pierreries dont brille une couronne cachent les épines dont elle est *doublé*. La terre est *partagé* en deux parties égales par un cercle nommé équateur; bien que ronde, elle est un peu *aplati* vers les pôles, et *gonflé* de neuf lieues environ à l'équateur. Tous les animaux qui se reproduisent par des œufs sont *appelé* ovipares, et le nom de vivipares est *donné* à ceux qui mettent au monde leurs petits tout vivants.

173e EXERCICE. — 123.
Corrigez les fautes de participes.

J'ai *lu*, tu as *lu*, l'enfant a *lu*, nous avons *lu*, vous avez *lu*, les enfants ont *lu*. J'avais *compris*, tu avais *compris*, ma sœur avait *compris*, nous avions *compris*, vous aviez *compris*, ces demoiselles avaient *compris*. Faites bien attention à la place *occupé* par le complément direct. J'ai *vu* de bien belles fleurs. Les fleurs que j'ai *vu* sont bien belles. Tu as *cultivé* des tulipes; ont-elles *réussi?* Les tulipes que tu as *cultivé* ont très-bien *répondu* à tes soins. Les roses sont des fleurs que j'ai toujours beaucoup *aimé;* je les ai toujours *préféré* à toutes les autres; leur doux parfum, leurs formes si élégantes, si gracieuses, leur couleur si agréable à l'œil, ont bien *justifié* et *pu* justifier cette préférence. L'armée française presque entière a *péri* quand elle a *passé* la Bérésina. Les choses qu'on a *appris* dans l'enfance ne s'effacent jamais. Ces princes ont *délivré* des captifs, *secouru* des misérables qui les ont *béni*. La reconnaissance que vous avez *témoigné* pour les bienfaits que vous avez *reçu* fait honneur à votre cœur. Je vous annonce que la grâce que vous avez *sollicité*, vous l'avez *obtenu*.

174e EXERCICE. — 121 à 123.
Corrigez les fautes de participes.

Si les règles de grammaire étaient bien *comprise*, bien *retenu* par les enfants, elles leur épargneraient beaucoup de peine; mais quand une difficulté leur est *présenté*, ils aiment mieux la résoudre au hasard plutôt que de s'efforcer d'apprendre une fois pour toutes cette règle, qui, bien *conçu*, suffirait dans mille applications. Les peuples longtemps *opprimé* par la tyrannie, *courbé* sous un joug de fer, perdent de leur énergie et souffrent en silence le mal qui pouvait être *repoussé*. La boussole, *connu* des marins provençaux sous le nom de Marinette, fut *adopté* dans toute l'Europe, et *perfectionné* par les Anglais pendant le cours du XVe siècle. Une plaisanterie *répété* perd tout le sel qu'elle pouvait avoir. Les amis que nous avons *choisi* dans notre enfance, qui ont *partagé* nos jeux et nos travaux, qui ont *grandi* et *vieilli* avec nous, ne peuvent jamais nous devenir étrangers, lors même que nous en sommes *séparé* plus tard par la force des circonstances ou par le défaut de sympathie. Une perte d'argent peut être *réparé*, des affections *éteinte* peuvent être *remplacé*, mais le temps *perdu* est un mal sans remède.

175e EXERCICE. — 123.

Corrigez les fautes de participes.

Je me suis *fatigué*, tu t'es *fatigué*, cette petite fille s'est *fatigué* en travaillant ; nous nous sommes *fatigué*, vous vous êtes *fatigué*, ces demoiselles se sont *fatigué* en jouant. La peine que vous vous êtes *donné*, mes enfants, n'a pas été *perdu*. Nous nous sommes *donné* bien de la peine, mais nous en sommes *dédommagé* à présent. La nouvelle qu'on nous avait *annoncé* s'est *trouvé* fausse. Les amis doivent garder avec grand soin les secrets qu'ils se sont *confié* : c'est ce qu'on appelle être discret. Les méchants se sont toujours *nui* en voulant nuire aux autres, et ils se nuiront toujours : la méchanceté est de la sottise. Jésus-Christ a dit : Pardonnez à ceux qui vous ont *offensé* comme vous voudriez qu'on vous pardonnât à vous-mêmes. La vapeur *comprimé* est le principe des forces *employé* dans l'industrie ; en substituant cette puissance aux forces animales on a *fait* gagner beaucoup à l'agriculture. Cette demoiselle s'est *brûlé* à la main ; elle s'est *brûlé* les doigts. Une condition *honoré* est toujours flatteuse quand on se l'est *conquis* par l'ordre, le travail et la probité. L'eau s'est *échappé* par une fente du rocher.

176e EXERCICE. — 124, 125.

Corrigez les fautes de participes.

La France a *vu* naître beaucoup d'hommes célèbres.

Parmi les écrivains fameux que la France a *vu* naître, on cite avec amour Fénelon, La Fontaine; avec admiration, Bossuet, Corneille, Racine, Molière. Tous les élèves que j'ai *vu* exercer leur intelligence en même temps que leur mémoire ont toujours bien *appris;* ceux, au contraire, que j'ai *vu* contraidre à apprendre par cœur des règles qu'on ne leur faisait pas comprendre, n'étaient pas plus *avancé* à la fin de l'année qu'au commencement. La grammaire, que nous avons *commencé* à apprendre il n'y a pas longtemps, nous est déjà familière; depuis quelques mois surtout, nous avons *écrit* à peu près correctement toutes les choses que nous avons *voulu*, que nous avons *désiré* écrire. Les participes que nous avons *écrit* ne nous ont pas *paru* ce que vous croyiez; ils ne nous ont pas *embarrassé* une seule fois; quand vous avez *lu* bien attentivement les trois règles, vous les avez presque *compris;* et quand vous avez eu *écrit* les exemples qui sont *donné* pour faire comprendre ces règles, il ne vous est plus *resté* de doute sur la manière d'écrire tous ceux que je vous ai *dicté*.

177ᵉ EXERCICE. — 124 à 125.

Corrigez les fautes de participes.

Jusqu'ici nous nous sommes *exercé*, autant que nous l'avons *pu*, à écrire nos propres idées; nous avons *senti* qu'un tel exercice est fort utile; nous y sommes *revenu*, et nous y reviendrons plus d'une fois. Des cinq langues que j'ai *étudié*, et à l'étude desquelles j'ai *consacré* les deux tiers de ma vie, il n'y en a qu'une seule que je me sois *rendu* bien familière, dont j'ai bien *connu*, je le crois au moins, et bien *senti* les beautés. Tous ceux que j'ai *entendu* se vanter eux-mêmes, ou que j'ai *entendu* vanter par d'autres d'en savoir deux ou trois, se sont probablement *trompé* eux-mêmes, ou bien ils ont voulu en imposer aux personnes qui ne s'étaient pas *exercé* en pareille matière. Je vous ai *laissé* réfléchir huit jours. Vous ne vous êtes point *laissé* tromper par les apparences et par une trop grande confiance en votre savoir. Les difficultés que vous avez *eu* à vaincre ne vous ont jamais *rebuté*. Vous ne vous êtes jamais *imaginé* que la science pût venir toute seule et sans efforts. Vous vous êtes *plu* dans votre travail, et les efforts que vous avez *fait*, que vous n'avez *cessé* de faire, qui se sont *succédé* sans interruption depuis trois mois, vous ont été agréables.

178ᵉ EXERCICE. — 120 à 130.

Corrigez les fautes de participes.

J'aime les pêchers, j'en ai *planté* plusieurs. Les pêches que j'en ai *recueilli* sont d'une grande beauté; les pêches sont plus belles que je ne l'avais *pensé*. Avez-vous *reçu* des lettres de votre correspondant? J'en ai *reçu* deux; les lettres que j'ai *reçu* ne me disent rien de nouveau. Il avait une jolie maison, il a follement *dépensé* tous les revenus qu'il en a *retiré*. Je l'ai *vu*, à la fin, cette grande cité. Les livres que j'avais *prévu* qu'on vous enverrait sont *arrivé*. La place que nous avions *pensé* qu'il obtiendrait lui a été *refusé*. L'hôtesse se vit *frustré* de la dépense qu'elle avait *compté* qu'on ferait chez elle. Les mauvais temps qu'il a *fait* ne nous ont pas *permis* d'aller voir la cantatrice que vous avez *entendu* chanter. Les chaleurs qu'il y a *eu* ne nous ont pas *empêché* de nous promener dans les allées que vous avez *vu* planter. Les heures que vous avez *dormi*, je les ai *passé* à lire. Le peu de confiance que vous m'avez *témoigné* m'a rendu le courage. Le peu de confiance que vous m'avez *témoigné* m'a ôté le courage.

179ᵉ EXERCICE. — 120 à 130.

Corrigez les fautes de participes.

Il a souffert la hardiesse que j'ai *pris* de le contredire. C'est ma réputation aussi bien que la sienne que vous avez *noirci*. Je regrette les nombreuses années que j'ai *vécu* sans pouvoir m'instruire. Vous regrettez les sommes que ce procès vous a *coûté*. Vos jeunes amies ne sont pas ici; je les avais cependant *engagé* à venir. Les animaux que l'homme a le plus *admiré* sont ceux qui ont *paru* participer de sa nature, il s'est *émerveillé* toutes les fois qu'il en a *vu* quelques-uns contrefaire des actions humaines. Il n'est que trop vrai qu'il y a *eu* des anthropophages; nous en avons *trouvé* en Amérique. Autant de batailles il a *livré*, autant il en a *gagné*. C'est peut-être la plus jolie fête qu'il y ait jamais *eu*. Il m'a *donné* des pommes. — Combien vous en a-t-il *donné?* Je fus révolté du peu de

4

confiance qu'elle avait *eu* en moi. Nous avons *perdu* la bataille à cause du peu de chevaux que nous avons *eu* pour le service de l'artillerie. La crainte de faire des ingrats ou le déplaisir d'en avoir *trouvé* ne l'ont pas empêché de faire du bien. Le peu de chevaux qu'on lui a *donné* étant *exténué* n'ont *pu* lui servir.

180e EXERCICE. — 120 à 130.

Corrigez les fautes de participes.

Les hommes qui sont *placé* au-dessous de nous n'ont pas la tête en bas; car, comme la terre est *entouré* de tous côtés par le ciel, ces hommes ont, ainsi que nous, la tête *tourné* vers le ciel, et leurs pieds sont *appuyé* sur la terre. Il tombe des pierres du ciel; il en est *tombé* souvent en France; d'où viennent ces pierres? La question n'est pas *résolu;* elles sont *composé* de matières différentes qu'on trouve isolément dans notre terre. Quelques savants ont *pensé* que ces pierres se sont *formé* dans l'atmosphère; d'autres croient qu'elles proviennent de quelque planète qui se serait *brisé;* d'autres enfin pensent qu'elles nous sont *jeté* par la lune. Les jeux n'amusent pas toujours autant qu'on l'avait *espéré.* Le travail, au contraire, après nous avoir *occupé* agréablement, nous laisse des jouissances utiles. Pendant plus de vingt ans tu trouveras un nouveau plaisir à recueillir des fruits sur les arbres que tu as *planté* de ta main, au lieu que tu ne te souviendras pas même des jeux qui ont *amusé* ton jeune âge.

181e EXERCICE. — 120 à 130.

Corrigez les fautes de participes.

A la vue des lampes *allumé*, la terreur s'est *emparé* des Madianites, qui se sont *enfui* en désordre. Les puissances de la terre se sont *évanoui.* Tous les conquérants se sont *arrogé* des droits injustes sur les nations qu'ils ont *soumis* à leur domination. Depuis quelques années, il est *arrivé* bien des accidents *causé* par des tremblements de terre. Jésus-Christ a *souffert* toutes les douleurs que les prophètes avaient *annoncé* qu'il souffrirait pour les péchés du monde. Les marins que nous avons *vu* lutter avec courage contre les flots de la mer, ont *sauvé* le vaisseau et tout l'équipage. Les vaisseaux que nous avons *vu* construire sont *destiné* à parcourir l'Océan et la Méditerranée. Les malheureux ont bien souffert pendant les froids excessifs qu'il a *fait* l'hiver dernier. Joseph, loin de se venger de ses frères, les a *fait* venir en Egypte et les a *fait* placer dans une contrée très-fertile. Le serpent dit à la femme: Pourquoi ne mangez-vous pas du fruit de cet arbre? La femme lui répondit: Dieu nous l'a *défendu*.

182ᵉ EXERCICE. — 120 à 130.
Corrigez les fautes de participes.

Ne vous ont-elles pas *inspiré* quelques inquiétudes, ces épreuves que votre imagination s'était *créé*, comme à dessein, si redoutables? Vous vous étiez *laissé* aller, bien mal à propos, à une crainte que n'ont pas *justifié* les réponses que vous aviez *préparé* pour vos examinateurs. Les difficultés qu'ils ont *cru* devoir vous soumettre dans les sessions où vous avez *échoué*, et que nous avons *vu* disparaître si aisément, ne nous ont-elles pas *prouvé* combien vous travailliez peu autrefois, et combien vous travaillez sérieusement aujourd'hui? Quelles que soient vos bonnes résolutions, redoublez de courage, car je me rappelle encore le jour où vous avez *manqué* de présence d'esprit. Le peu d'attention que certaines personnes ont *apporté* à l'examen de leur travail n'y a-t-il pas laissé subsister bien des taches? Nous sommes *obligé* de reconnaître qu'il s'était *glissé* beaucoup de fautes dans les dernières dictées d'orthographe.

183ᵉ EXERCICE. — 120 à 130.
Corrigez les fautes de participes.

Nous sommes toujours *porté* à juger de l'utilité des choses par les avantages que nous pouvons en retirer; et nous nous hâtons de décider que la nature s'est *trompé* quand elle a *produit* des espèces qui nous sont nuisibles et auxquelles nous sommes *forcé* de faire la guerre. Cependant, nous devrions ne pas oublier que l'intelligence suprême n'a rien fait au hasard, et que, si nous n'apercevons pas tout d'abord les motifs de tous les êtres qui ont été *créé*, nous devons mettre beaucoup de circonspection dans les jugements que nous sommes toujours *disposé* à porter promptement. Rien n'est inutile dans le monde,

puisque toute chose est *sorti* des mains de Dieu. On ren-
drait un mauvais service aux plantes si, avant la cessation
du froid, on secouait le givre dont elles sont *revêtu*. Elles
seraient *obligé* de dépenser une seconde fois la chaleur
qu'elles ont déjà *perdu* en se couvrant de givre une première fois. La discussion s'est *terminé* comme on l'aurait
présumé. On a vu des bouvreuils qui, ayant été *forcé* de
quitter leurs maîtres, se sont *laissé* mourir de regret. Il y
aura beaucoup d'*appelé*, et peu d'*élu*.

184e EXERCICE. — 189.

Faites l'analyse des participes passés.

La parole de Dieu nous a été apportée du ciel par Jésus-
Christ qui l'a transmise et confiée à son église. L'église à
son tour l'a confiée aux apôtres, ses ministres, avec ordre
de la distribuer à tous les fidèles. Les fidèles doivent donc
la recueillir avec soin et s'efforcer de la faire fructifier en
eux, car c'est le germe de la foi, c'est la semence du salut.
Or, cette divine semence nous est disputée par trois ennemis acharnés, qui travaillent sans cesse à la rendre sté-
rile dans nos âmes, le démon, en dissipant notre esprit
par ses vaines suggestions; les passions, en livrant notre
cœur à l'endurcissement ou à l'inconstance; et le monde,
en nous absorbant par les sollicitudes de la vie, le soin
des richesses et l'amour des plaisirs. Veillons à la défense
d'un si précieux trésor. Avant d'entendre la parole sainte,
recueillons-nous dans un humble sentiment de respect;
de quelque bouche et sous quelque forme qu'elle nous
arrive, c'est la voix de Dieu même. En l'entendant, ayons
un désir sincère d'en profiter. Après l'avoir entendue,
repassons-la fréquemment dans notre mémoire pour la
mettre en pratique dans les mille occasions de la vie.

L'ADVERBE.

185e EXERCICE. — 131, 132.

Soulignez les *adverbes*.

Il vit chrétiennement. Il agit poliment. Il a combattu
bravement. Mon frère, qui est arrivé hier, part aujour-
d'hui. J'étais dissipé autrefois, maintenant je suis sage.
Je m'appliquerai dorénavant à mes devoirs. On a souvent

besoin d'un plus petit que soi. Un bon élève se trompe
quelquefois; il ne ment jamais. Quand êtes-vous parti ?
Dieu est présent partout. Le troupeau s'est arrêté là ; le
chien veillait à l'entour. Réfléchissez d'abord, vous par-
lerez ensuite. Levez-vous ensemble, et récitez alternati-
vement. Ne laissez point traîner vos livres çà et là. On se
repent tôt ou tard de ses fautes. Le moment dont on ne
profite pas est à jamais perdu. Vous êtes entrés en classe
pêle-mêle; tâchez d'en sortir en ordre. Le rossignol et la
fauvette chantent tour à tour. Au moment du combat, le
brave ne se tient pas derrière, il marche devant. Le juste
est souvent persécuté ici-bas ; il sera récompensé là haut.
Le maître allait de rang en rang, et distribuait tour à tour
des récompenses ou des punitions, suivant le mérite des
élèves. L'homme qui veut aller loin, doit se reposer de
temps en temps.

186e EXERCICE. — 131, 132.

Soulignez les *adverbes* et les *locutions adverbiales*, et comptez-les.

Un homme prudent ne commence pas trop d'affaires à
la fois ; il entreprend séparément et termine successivement celles qu'il ne peut mener de front. La chèvre erre
çà et là et ne se fixe nulle part. La mort vient inopiné-
ment; le chrétien doit toujours être prêt à paraître devant
Dieu. L'honnête homme ne trompe jamais. Ne vous faites
pas attendre longtemps. Vous montriez moins de raison-
nement autrefois. Nous avons appris d'abord à lire, ensuite à écrire. Les glaneurs ramassent les épis un à un.
On expie ses fautes tôt ou tard. Je veux m'accoutumer au
travail de bonne heure. Pour bien voir cette maison,
placez-vous vis-à-vis. Si vous vous arrêtez à chaque pas,
vous resterez en arrière. Le cheval est dehors, ramenez-
le dedans. Celui qui travaille lentement et bien, réussit
mieux que celui qui fait vite et mal. L'homme sobre boit
peu de vin; il y mêle toujours beaucoup d'eau. On ne
trouve nulle part un homme parfaitement heureux.

(*adverbes* et   *locutions adverbiales.*)

187e EXERCICE. — 189.

Analysez les adverbes soulignés.

Eve dit au tentateur : Si nous désobéissons à Dieu en
mangeant du fruit défendu, nous mourrons *certainement.*

— Point du tout, répondit le serpent, vous *ne* mourrez
point; vous deviendrez, au contraire, semblables à Dieu.
Comment Eve fut-elle *assez* insensée pour croire à ces paroles trompeuses ? *Sans doute* l'orgueil l'aveugla ; elle man-
gea *alors* de ce fruit et en présenta à Adam, qui en man-
gea aussi. Cette désobéissance a coûté *cher* à leurs enfants.
Combien de maux *n'*ont-ils *pas* soufferts et *ne* souffrent-ils
pas encore par suite de cette faute fatale ! Nous ne sau-
rions avoir *trop* de reconnaissance pour N. S. Jésus-Christ
qui est venu sur la terre pour nous réconcilier avec Dieu.
Qu'ils sont *vraiment* ingrats ceux qui *ne* répondent *pas* à
tant d'amour et de miséricorde !

LA PRÉPOSITION.

188ᵉ EXERCICE. — 133, 134.

Soulignez les *prépositions*.

J'ai fait mon devoir avant la classe; je le corrigerai
après la classe. La pluie tombe depuis ce matin. On trouve
doux le repos qu'on goûte après le travail. La misère
marche toujours derrière la paresse, et l'ignorance après
l'oisiveté. Abraham étendit Isaac sur l'autel, et leva les
yeux vers le ciel. Si tu n'es pas toujours devant les hommes, songe que tu es toujours devant Dieu. Notre-Seigneur
soupait chez Lazare, lorsque Magdeleine se prosterna devant lui et répandit sur ses pieds un parfum précieux.
Les peuples du Nord vivent ensevelis sous la neige pendant les longs jours de l'hiver. La mauvaise conduite
plonge dans la misère celui qui s'y abandonne. L'homme
qui s'appuie sur la justice et la vérité marche avec confiance à travers les périls de la vie, depuis le berceau jusqu'à la tombe. La Providence a répandu autour de nous
ses merveilles et ses bienfaits. Gardez dans votre souvenir
les paroles de l'Evangile.

189ᵉ EXERCICE. — 133, 134.

Soulignez les *prépositions* et les *locutions prépositives*, et comptez-les.

Dans le péril l'homme pieux remet son sort entre les
mains de Dieu. Le chasseur a surpris le lapin hors de son
terrier. La religion nous comble de ses bienfaits dès le ber-

ceau, et ses soins nous accompagnent jusqu'à la tombe. Dans la tentation élevez vos regards vers Dieu. Ne rejetez jamais vos fautes sur autrui, et ne laissez pas entrer la jalousie dans votre cœur. Un enfant modeste ne se croit pas au-dessus de ses condisciples. L'enfant trouve toujours un asile assuré auprès de sa mère. Il ne faut jamais lutter contre sa conscience. Le cœur éprouve un doux contentement après une bonne action. Un bon citoyen sacrifie tout pour sa patrie, excepté la justice. L'hypocrite cache ses vices sous de beaux dehors. Les vrais chrétiens travaillent pour la gloire de Dieu. Les mercenaires travaillent pour de l'argent. Ce soldat a gagné la croix d'honneur par son courage. Dieu répand sur nous ses bienfaits sans se lasser ; resterons-nous sans reconnaissance pour sa bonté? Il faut bien commencer pour bien finir. (*prépositions et locutions prépositives.*)

LA CONJONCTION.

190° EXERCICE. — 135, 135 bis.

Soulignez les *conjonctions.*

Vous aurez des prix si vous êtes sages et instruits. L'ambition et l'avarice de l'homme sont la source de son malheur. On meurt comme on a vécu. Il est plus difficile de vaincre ses passions que de vaincre ses ennemis. On éprouve une douce joie quand on a rendu service à un ami. Cet enfant est un peu lent, mais il est très-assidu au travail. Saint Pierre fut touché de repentir lorsqu'il entendit le coq chanter. Dieu nous pardonne nos fautes, à condition que nous en fassions l'aveu avec un sincère repentir. Dieu vous bénira si vous observez sa loi. Je vous soutiendrai en cas que vous veniez à tomber. Vous oubliez votre maître, cependant il vous a rendu de grands services. Pressez-le pas, de peur que vous n'arriviez pas à temps. La terre tourne autour du soleil, donc nous tournons avec elle. La colère nous rend insensés, donc il ne faut pas s'y livrer. Cet homme n'est pas votre ami, car il ne vous avertit pas de vos défauts. Je ne cesserai pas d'implorer Dieu jusqu'à ce qu'il m'ait exaucé.

191ᵉ EXERCICE. — 135, 135 bis.

Soulignez les *conjonctions* et les *locutions conjonctives*, et comptez-les.

L'homme est né pour le ciel; il porte écrits dans son cœur les titres augustes et ineffaçables de son origine; il peut les avilir, mais il ne peut les effacer. L'univers entier serait sa possession et son partage, qu'il sentirait toujours qu'il se dégrade et ne se satisfait pas en s'y fixant; tous les objets qui l'attachent ici-bas l'arrachent, pour ainsi dire, du sein de Dieu, son origine et son repos éternel, et laissent une plaie de remords et d'inquiétude dans son âme qu'ils ne sauraient plus fermer eux-mêmes; il sent toujours la douleur secrète de la rupture et de la séparation; et tout ce qui altère son union avec Dieu le rend irréconciliable avec lui-même... Tout est délassement pour un cœur innocent. Les plaisirs doux et permis qu'offre la nature, fades et ennuyeux pour l'homme dissolu, conservent tout leur agrément pour l'homme de bien. Il n'y a que les plaisirs innocents qui laissent une joie pure dans l'âme: tout ce qui la souille l'attriste et la noircit.

(*conjonctions et   locutions conjonctives.*)

L'INTERJECTION.

192ᵉ EXERCICE. — 136, 136 bis.

Soulignez les *interjections* et les *locutions interjectives*, et comptez-les.

Ah! que je suis aise de vous voir! Oh! vraiment, je ne croyais pas avoir ce plaisir. Hélas! que deviendrons-nous? Ça! travaillons et ne perdons pas de temps. Allons! hâtons-nous de partir. Courage! Messieurs, nous arrivons au but. Holà! qui est là? Hé! mon ami, qu'allez-vous faire? Aïe! tu me fais mal. Chut! parlons bien bas. Paix! messieurs, tout repose ici. Oh! c'est bien lui; je le reconnais à ses gambades. Paix! rangeons-nous immédiatement contre la porte. O mon fils! adorez Dieu, et ne cherchez pas à le connaître. Ha! vous voilà. Ha! que me dites-vous là! Un lièvre, timide à l'excès, passait sur le bord d'un étang; voyant qu'il faisait peur aux grenouilles: Oh! oh! dit-il, suis-je donc un foudre de guerre? O hommes! que vous êtes insensés! Ah! vous ne connaissez pas les vrais biens. Holà hé! descendez; jeune homme.   (*interjections et locutions interjectives.*)

LE NOM.

193ᵉ EXERCICE. — 137, 138.

Ecrivez les *noms composés* aux deux nombres.

Un abat-jour, un aide-de-camp, un appuie-main, un arc-boutant, un avant-coureur, un bec-d'âne, une belle-mère, un blanc-seing, un bouche-trou, un casse-cou, des casse-noisettes, un cerf-volant, des chars-à-bancs, des chauffe-pieds, un chien-loup, un ciel-de lit, une contre-allée, un coq-à-l'âne, un coude-pied, des coupe-jarrets, un court-bouillon, un couvre-feu, un cul-de-jatte, des cure-dents, un entre-sol, des essuie-mains, un fouille-au-pot, un gagne-denier, un garde-champêtre, un garde-national, des gobe-mouches, des guets-à-pens, un hôtel-Dieu, un loup-cervier, un œil-de-bœuf, un passe-partout, des perce-oreilles, des pèse-liqueurs, un pied-à-terre, une pie-grièche, un pince-sans-rire, une plate-bande, un porc-épic, des porte-clefs, un porte-drapeau, un porte-manteau, des porte-mouchettes, un pot-au-feu, un prie-Dieu, un remue-ménage, un réveille-matin, une sage-femme, un serre-tête, des va-nu-pieds, un vole-au-vent.

194ᵉ EXERCICE. — 137, 138.

Corrigez les fautes des *noms composés*.

Les *chauve-souris* ne sortent que le soir. Les *oiseau-mouche* sont les bijoux de la nature. Les *fusil-à-vent* sont défendus. On voit souvent deux *arc-en-ciel* en même temps. Je préfère les *reine-claude* aux prunes. Les *ver-à-soie* nous sont venus de l'Orient. Les *garde-vue* sont de couleur verte. Ce fut, dans tous les temps, le vice qui a peuplé les *hôtel-Dieu*. Les *chou-fleur*, les *chou-rave* et les *chou-navet* sont des variétés de la même famille. L'usage des *bain-marie* date de la plus haute antiquité. Les *œil-de-bœuf* sont des fenêtres rondes ou ovales. En Portugal, tous les habitants sont tenus d'orner leurs fenêtres aux *Fête-Dieu*. Ces *bas-relief* me semblent des *chef-d'œuvre*. Les *porc-épic* ont des piquants. Vos *passe-port* ne sont pas en règle. Les *garde-chasse* veillent à la conservation du

4.

gibier. Les gens distraits sont disposés à faire des *coq-à-
l'âne*. Les femmes *beau-esprit* sont des fléaux pour tous
ceux qui les entourent. Ceux qui viennent interrompre
des *tête-à-tête* ennuyeux sont toujours les *bien-venu*.

195ᵉ EXERCICE. — 139, 140, 141.

Corrigez les fautes des mots en *italiques*.

Une foule de curieux *encombrait* la ville. La foule des
spectateurs se *portait* aux Champs-Elysées. Une multitude de passions *divise* les hommes oisifs dans les villes.
La quantité des fruits *était considérable*. Un grand nombre
d'ennemis *parut*. Assez de gens *méprise* le bien, mais peu
savent le donner. La moitié des humains *vit* aux dépens
de l'autre. Une nuée de barbares *désola* le pays. La plupart des hommes *cherche* la paix ; peu de mortels la *trouve*.
Une multitude d'animaux *placés* dans ces belles retraites
y *répand* l'enchantement et la vie. Des enfants qui naissent,
la moitié tout au plus *parvient* à l'adolescence. Une nuée
de traits *obscurcit* l'air et *couvrit* tous les combattants.
Cette espèce de chien qu'on appelle chiens de Laconie ne
vit que dix ans. Une foule de citoyens ruinés *remplissait*
les rues et *venait* tous les jours à la porte du palais pousser des cris inutiles. La totalité des enfants *sacrifie* l'avenir au présent. Une infinité de jeunes gens se *perdent*
parce qu'ils fréquentent de mauvaises sociétés.

196ᵉ EXERCICE. — 139, 140, 141.

Corrigez les fautes des mots en *italiques*.

Une infinité de familles, entre les deux tropiques, ne
vit que de bananes. Une poignée de citoyens, décidés à
vaincre ou à mourir, *arrêta* les progrès de cette armée
victorieuse. Une foule de nymphes couronnées de fleurs
nageait en foule derrière le char. La quantité de fourmis
était si grande, qu'*elle détruisait* tous les biens que l'on
confiait à la terre. La plupart des hommes *meurt* sans le
savoir. Nombre de personnes s'*imagine* qu'on ne peut
rien faire de plus sage que de se conformer aux sentiments et aux opinions de la foule. La moitié de nos conci-
toyens, épars dans le reste de l'Europe et du monde, *vit*
et *meurt* loin de la patrie. Une troupe d'assassins *entra*

dans la chambre de Coligny. La totalité des perfections de Dieu m'*accable*. Un nombre infini d'oiseaux *faisait* résonner ces bocages de leurs doux chants. Une troupe de montagnards *écrasa* la maison de Bourgogne. Une foule d'enfants, composée d'écoliers, *courait* dans la rue. Un grand nombre *espérait* faire fortune, et *mourut* de misère et de faim.

197e EXERCICE. — 142, 143.

Corrigez les fautes des mots en *italiques*.

Il n'est plus *cette* amour si *fatal*. Les délices du cœur sont plus *touchants* que *celle* de l'esprit. *Un* aigle ne pond qu'un œuf, mais c'est un œuf d'aigle. Les solides vertus furent ses *seul* amours. Le papier grand-aigle est particulièrement *destiné* à l'impression des cartes géographiques. L'aigle n'est-*il* pas le roi des habitants de l'air? Que fait l'aigle lorsqu'*il* est *privé* de ses aiglons? Dieu a créé l'homme avec deux amours: l'*un* pour Dieu, le *second* pour lui-même. Il y a dans le cœur des rois, même les plus pieux, *certain* amour *secret* pour les grandeurs. Les *premiers* orgues qu'on ait *vu* en France furent *apporté* par des ambassadeurs de Constantin Copronyme, qui les offrirent au roi Pépin. *Quel* délice! C'est *un grand* délice. O véritable religion, que tes délices sont *puissant* sur les cœurs! *Quel* délice de faire du bien! Nous avons vu de *bonnes* orgues dans toutes les églises que nous avons visitées; mais de *tout* ces orgues, *la meilleure* est *celle* que nous avons entendue jouer à Lyon. *Quel* délice ne cause pas une bonne action!

198e EXERCICE. — 142, 143.

Corrigez les fautes des mots en *italiques*.

L'orgue *divine* exhale un son religieux. *Quels* délices peut-on trouver à la campagne quand l'automne est passé? L'amour de la patrie est *commun* à tous les hommes; non-seulement *cette* amour est *naturel*, mais encore *il* est si *puissant*, qu'il n'y a rien qu'on ne fasse lorsqu'*il* commande. L'aigle *noire* n'est qu'une variété dans l'espèce de l'aigle *brune* ou l'aigle *commune*. L'aigle, *devenu* mère, a le plus grand soin de ses aiglons, et devient *furieux* quand on les lui ravit. Il n'y a d'amours survivant au tombeau que *ceux* qui sont *nés* au berceau. On dit l'aigle *romain*, les aigles *romains* pour les enseignes des légions romaines, parce qu'au haut de ces enseignes était la figure d'*un* aigle. C'est *un grand* délice de boire frais en été. Faisons nos *seul* amours de la justice et de la vérité. Les orgues de Harlem passent pour les plus *beau* et les plus *grand* de l'Europe. Plusieurs aigles furent *pris* par les Germains après la défaite de Varus.

199e EXERCICE. — 144, 145, 146.

Corrigez les fautes des mots en *italiques.*

Un couple de pigeons ne sont pas suffisants pour le dîner de six personnes. Il ne nous reste rien des hymnes de Pindare, mais nous savons qu'*ils* étaient *tous consacrés* à Apollon de Delphes. On chante à l'église de fort *belles* hymnes *composé* par Santeuil. Faites-moi une omelette d'*un* couple d'œufs. *Mon cher* enfant, disait-elle à sa fille, tu ne me quitteras plus. Mieux vaut avoir à sa table *une* couple de bons amis que les plus illustres convives. Du fond des bosquets *une* hymne *universelle* s'élève dans les airs. On *chant* à vêpres *un joli* hymne. Vos enfants sont *grand.* L'Ecriture, en faisant descendre les hommes d'*une seule* couple, a voulu sans doute les préparer à la fraternité universelle qu'ils doivent un jour réaliser sur la terre. Ce serait dommage de séparer *un* si *beau* couple. La vie de Turenne est *une* hymne à la louange de l'humanité. On nous a amené une petite fille, *un* enfant *frais, joli, gracieux,* que ses parents avaient *perdu.*

200e EXERCICE. — 147, 148.

Corrigez les fautes des mots en *italiques.*

Tous ces gens-là sont sottement *ingénieux. Quels* gens attendez-vous? Il faut savoir s'accommoder de *tout* gens. *Instruit* par l'expérience, les *vieilles* gens sont *soupçonneuses. Quel* sont les gens que vous attendez? Vous moissonnez de *la belle* orge. Oh! qu'*heureuses* sont les gens qui ne veulent pas souffrir l'injure d'être *instruites* dans cette doctrine! L'orge *destiné* aux lieux secs a des feuilles qui conduisent les eaux des pluies à la racine. Voilà des gens bien *fins.* Parler et offenser, pour *certains* gens, est précisément la même chose. Les Hollandais sont la seule nation qui prépare l'orge *perlée*. On appelle orge *mondée* de l'orge bien *nettoyée*, et orge *perlée* de l'orge *réduite* en petits grains. Il y a *certains* gens de lettres, même *renommées*, dont personne ne connaît les ouvrages.

L'ARTICLE.

201e EXERCICE. — 150.

Remplacez le tiret par *le, la, les*.

La rose est l— plus belle des fleurs; c'est le matin que cette fleur est l— plus belle; c'est la fleur que j'aime l— mieux. Nos actions l— plus pures ne sont pas dégagées de tout intérêt personnel. Entre nos ennemis, l— plus à craindre sont souvent l— plus petits. C'est dans le temps que l— grands hommes sont l— plus communs qu'on rend l— plus justice à leur gloire. Les grands esprits sont l— plus susceptibles de l'illusion des systèmes. Ceux de nos auteurs dramatiques qui ont l— mieux écrit sont ceux aussi qui ont l— plus intéressé. Elle ne pleure pas, lors même qu'elle est l— plus affligée. De toutes ces dames, votre sœur est l— plus affligée. Les arts de premier besoin ne sont pas l— plus considérés. Ne donne pas à ton ami les conseils l— plus agréables, mais l— plus avantageux. Je ne vois dans sa conduite que de ces inégalités auxquelles les femmes l— mieux nées sont l— plus sujettes. La ruse l— mieux ourdie peut nuire à son inventeur.

L'ADJECTIF.

202e EXERCICE. — 151, 152, 153.

Ecrivez les mots *demi, nu, feu*, au genre et au nombre convenables.

Votre cousine était *nu*-tête et *nu*-jambes, les pieds chaussés de petites sandales. Accoutumez vos enfants à demeurer toujours tête-*nu*. Il me faut une *demi*-aune. Il me faut une aune et *demi*. Toute *nu*, la vérité risque de déplaire. J'ai acheté une *demi*-livre de café et une livre et *demi* de sucre. J'ai ouï dire à *feu* ma sœur que sa fille et moi naquîmes le même jour. Chez les païens il y avait des *demi*-dieux. Les Lapons sont hauts de quatre pieds et *demi* au plus. La *feu* reine distribuait chaque jour d'abondantes aumônes. J'ai ouï dire cela à *feu* ma sœur. Les lions de petite taille ont environ cinq pieds et *demi* de longueur sur trois pieds et *demi* de hauteur. Les courtisans vont *nu*-tête. Il lui parla la tête *nu*. Le train partira à cinq heures et *demi*. Notre pendule sonne les *demi*. La *demi* est sonnée. Faites-moi un réveil qui sonne les *demi*. Votre *feu* mère était beaucoup moins indulgente que votre *feu* tante.

203ᵉ EXERCICE. — 154, 155.

Écrivez en toutes lettres les nombres écrits en chiffres.

J'ai reçu les 80 francs que vous m'avez envoyés. Je me contenterais bien de 90 et même de 80 francs par mois. Gédéon reçut l'ordre de ne choisir que 300 soldats. L'année est divisée en 365 jours. La terre a 9,000 lieues de circonférence ou 4,000 myriamètres. Un myriamètre vaut 10,000 mètres. Les 1,000 d'Angleterre valent environ 1,600 mètres. Il faut un peu plus de 2,000 pour faire une de nos lieues de poste. L'Amérique fut découverte en 1492. On dit que l'armée de Sésostris était de 600,000 hommes de pied. J'en suis resté à la page 80. A la bataille de Salamine, la flotte des Grecs était composée de 380 voiles, et celle de Xercès de plus de treize 100. Hérodote dit que l'armée des Perses était de 5,283,200 hommes. On fait par le chemin de fer à peu près 30,000 à l'heure. Charlemagne fut proclamé empereur d'Occident le jour de Noël, en 800. J'en suis resté au nᵒ 200. Il est mort l'an 500. Napoléon mourut à Sainte-Hélène en 1821.

204ᵉ EXERCICE. — 156.

Remplacez le tiret par *quelque, quel que*.

J'ai rencontré q— personnes. Prêtez-moi q— bons livres. Il faut donner des raisons q— elles puissent être. Q— soient ces messieurs, il faut vivre avec eux. Q— bons musiciens qu'ils soient. Q— soit cet élève, je n'aime pas que vous en fassiez votre ami. Q— puissants, q— élevés que soient les rois, ils sont ce que nous sommes. Alexandre perdit q— trois cents hommes. Un trône, q— il soit, n'est point à dédaigner. Les jeux de hasard, q— médiocres qu'ils paraissent, sont toujours chers. Q— soient les rai-

sons qui me tiennent éloigné de vous, je les respecte. Q—
fins politiques que fussent Sénèque et Burrhus, ils ne pu-
rent découvrir le fond du cœur de Néron. Q— vains lauriers que promette la guerre, on peut être héros sans
ravager la terre. Un nombre, q— il soit, peut être aug-
menté. De q— superbes distinctions que se flattent les
hommes, ils ont tous la même origine. Du malheur, q—
en soit la cause, supportons les décrets d'un destin rigoureux. Q— cruels que soient les tigres, ils ne s'entr'égorgent
pas.

205e EXERCICE. — 157.

Corrigez les fautes des mots en italiques.

Tout les hommes sont mortels. Je connais *tout* l'affaire.
Les végétaux se montrent dans *tout* leur beauté. Nos vaisseaux sont *tout* prêts. Cette jeune personne est *tout* honteuse. Cette dame est *tout* étonnée de nous voir ici. Votre
sœur était *tout* stupéfaite, *tout* honteuse de sa faute. Ces
couronnes, *tout* belles qu'elles sont, ne me plaisent point.
Tout utile qu'elle est, la richesse ne fait pas le bonheur.
Tout Rome le sait. Voici de *tout* autres affaires. La valeur,
tout héroïque qu'elle est, ne suffit pas pour faire des héros.
On méprise *tout* ceux qui n'ont aucune vertu. Vous méritez sans doute *tout* autre destinée. La vertu, *tout* austère
qu'elle est, fait goûter bien des plaisirs. *Tout* engourdie
qu'est la paresse, elle fait plus de ravages chez nous que
tout les autres passions ensemble. La Grèce, *tout* polie et
tout sage qu'elle était. Les pensées de l'homme juste sont
tout nues. Ces personnes, *tout* hideuses qu'elles paraissent,
ont pourtant une belle âme et un excellent cœur. Cette
dame est *tout* aise, *tout* heureuse de vous voir. *Tout* con-
tentes, *tout* heureuses qu'aient été ces personnes de leurs
succès, vous n'avez pu rien obtenir pour votre satisfaction.

206e EXERCICE. — 158.

Ecrivez même *au nombre convenable.*

Ce sont les *même* personnes. Ce sont elles-*même*. Ce sont
ces messieurs *même* que j'ai vus. Vous finiriez *même* par
tomber. Mesdemoiselles, allez-y vous-*même*. Les vieillards,
les femmes, les enfants *même* ne furent pas épargnés.
Exempts de maux réels, les hommes s'en forment *même*

de chimériques. Les animaux, les plantes *même* étaient au nombre des divinités égyptiennes. Ces murs *même*, seigneur, peuvent avoir des yeux. Du berger et du roi les cendres sont les *même*. Je tiens cette nouvelle des ministres *même*. On est parvenu à apprivoiser les lions, les léopards, les tigres *même*. Les plus doctes *même* sont sujets à faillir. Vous seul, monseigneur, pouvez parler dignement de vous-*même*. Nous ne devons pas fréquenter les impies, nous devons *même* les éviter. Les *même* causes produisent les mêmes effets. Vous-*même*, ma fille, vous n'en viendrez pas à bout. Les pauvres, les grands, les riches *même* ont des peines. Ces ouvriers travaillent *même* la nuit. Aimez *même* vos ennemis. Les sots eux-*même* veulent avoir de l'esprit.

207ᵉ EXERCICE. — 159, 160.

Corrigez les fautes des mots en *italiques*.

Aucune funérailles. *Nul* ancêtres. *Nul* pleurs n'ont baigné son visage. Il ne gagne *aucun* gage. On ne lui a rendu *aucun* devoirs. *Nul* troupes ne sont mieux exercées. *Nul* route, *nul* communication, *nul* vestige d'intelligence dans ces lieux sauvages. Un malheur instruit mieux qu'*aucune* remontrance. *Nul* appointements et gages n'étaient attachés aux fonctions publiques. La république n'avait *aucune* troupes régulières, aguerries, *aucun* officier expérimenté. Il n'y a *aucun* vices extérieurs et *aucun* défauts qui ne soient aperçus des enfants. Notre vie ne suffit pour *aucun* art, *aucun* exercice, *aucune* profession; on ne vit pas assez pour être bon peintre, bon architecte, etc.; mais la vie suffit pour être bon chrétien. Mademoiselle, songez bien dans quel rang vous avez été *élevé*. Nous avons été *obligé* d'entrer dans mille détails fastidieux, où peut-être le lecteur ne nous a pas toujours *suivi* volontiers. Mon fils, vous êtes peu *obligeant*. Nous sommes trop *persuadé* du peu d'intérêt qu'offrent ces mémoires pour croire qu'ils méritent jamais l'attention de personne.

LE PRONOM.

208e EXERCICE. — 161.

Ecrivez le verbe *être* au nombre convenable

C'est moi, *c'est* toi, *c'est* nous, *c'est* vous, *c'est* eux. *C'est* nous, trop souvent, qui faisons nos malheurs. *C'est* les mœurs qui font les bonnes compagnies. *C'est* vous, braves amis, que l'univers contemple. *C'était* les récompenses terrestres que cherchait le peuple de Dieu. Ce *fut* les Phéniciens qui, les premiers, inventèrent l'écriture. *C'est* eux qu'il faut accuser. Nos vrais biens sont ceux de la nature: *c'est* le ciel, *c'est* la terre, *c'est* nos campagnes, ces plaines, ces forêts dont elle nous offre la jouissance utile, inépuisable. Ce n'*est* pas nous qui avons commis cette faute. *C'est* les Anglais qui dominent sur la mer. *C'est* aux Arabes que nous devons les chiffres en usage dans notre système de numération. Ce n'*est* pas eux qu'il faut punir, *c'est* les barbares sédentaires qui ordonnent le massacre d'un million d'hommes. *C'est* mes cahiers que je cherche. *C'est* de mes élèves que je parle. *C'est* les lettres qui nous ont appris la religion et la modération; *c'est* elles qui nous fournissent de quoi vivre heureusement. Ce ne *fut* pas une certaine invasion qui perdit l'empire, ce *fut* toutes les invasions.

209e EXERCICE. — 162, 163.

Remplacez le tiret par *le, la, les,* et les points par *son, sa, ses,* ou *leur, leurs.*

Etes-vous la mère de cet enfant? Je l— suis. Etes-vous les parents de cet enfant? Nous l— sommes. Etes-vous sourds? Nous l— sommes. Etes-vous mères? Nous l— sommes. Etes-vous la sœur de cet enfant? Je l— suis. Etes-vous la maîtresse du logis? Je l — suis. Etes-vous attentives? Nous l— sommes. Etes-vous la malade dont on m'a parlé? Je l — suis. Vos fils sont-ils bien instruits? Ils l— sont. Etes-vous la mariée? Je l— suis. Etes-vous mariée? Je l— suis. Sont-ce là vos cahiers? Ce l— sont. Marie fut-elle troublée à la vue de l'Ange? Elle l— fut. On jette sa carte chacun à... tour. Les abeilles bâtissent chacune ... cellule. César et Pompée avaient chacun ...

mérite ; mais'c'étaient des mérites différents. Il faut parler
de chacun selon ... talents. Les hommes ayant chacun ...
défauts, ils doivent avoir de l'indulgence les uns pour les
autres. Ils ont fait chacun ... devoir. Ils ont donné... avis,
chacun selon ... vues. Ils s'en sont allés, chacun de ... côté.
Les langues ont chacune ... bizarreries. Elles apportèrent
chacune ... offrande. Elles apportèrent ... offrandes, chacune selon ... moyens. Ils sont allés, chacun, visiter ...
terres. Tous les juges ont opiné, chacun, selon ... lumières.

210ᵉ EXERCICE. — 164, 165, 166.

Corrigez les fautes des mots en *italiques*.

On est *heureux* quand on entend faire l'éloge de son
mari, et *fier* quand on entend faire celui de ses enfants.
Quiconque est honnête et travaille ne saurait offenser
Dieu. Il n'est personne qui ne cherche à se rendre *heureux*. Personne n'est *téméraire* quand *il* n'est *vu* de personne. Quiconque de vous, mesdemoiselles, ne fera pas
son devoir, sera *privé* de récréation. Moins on est *affairé*,
moins on trouve le temps de faire le peu qu'on se propose:
on bâille, ou diffère. On est *heureux* dans son ménage
quand on est bien *uni*. Quand on est *bon* comme vous, ma
fille, quand on est *indulgent* comme vous l'êtes, on est *estimé* et *chéri* de chacun. A votre âge, ma fille, on est bien
curieux. Quand on a vécu longtemps *séparé*, on se retrouve
avec plaisir. On s'était cru *ami*, et l'on se trouvait *rival*.
Quiconque est *capable* de mentir, est indigne d'être
compté au nombre des hommes. Mesdames, quiconque de
vous sera assez *hardi* pour médire de moi.... Quiconque
sera assez *fort* pour encourager son époux et ses fils à
combattre sera *honoré* et *béni* à jamais.

211ᵉ EXERCICE. — 167, 168.

Mettez à la place des points les mots *ceci, cela; celui-ci, celui-là; l'un l'autre, l'un et l'autre,* en observant le genre et le nombre.

Ce ne sont pas les titres, ce sont les mœurs qui déci-
dent du mérite : c ... dépendent de nous, c ... dépendent
du hasard. C... est lâche et croit n'être que faible; c...
se croit fort et n'est que violent. Pierre et Paul se louent
l... l... (chacun se loue soi-même). Pierre et Paul se louent
l... l... (l'un loue l'autre). La jeunesse est présomptueuse,

et la vieillesse est timide : c... peut vivre, c... a vécu. Les hommes sont faits pour se servir l... l... Aidons-nous l... l... à supporter nos malheurs. Nous nous hâtons de profiter des débris l... d... Que dites-vous de c...? que pensez-vous de c...? Enfants, obéissez à vos pères et à vos mères, car c... est agréable au Seigneur. Ecoutez-bien c... : « Qui jeune n'apprend, vieux ne saura. » Je n'aime point c..., donnez-moi de c... La sensitive a c... de particulier, qu'elle replie ses feuilles dès qu'on la touche. J'aime cette maxime chinoise : « L'âme n'a point de secrets que la conduite ne révèle ; » c... est vrai à Paris comme à Pékin. César et Pompée s'estimaient l... l..., en dépit de l'inimitié qui les animait l... l...

MOTS INVARIABLES.

212ᵉ EXERCICE. — 169, 170.

Corrigez les fautes des mots en *italiques*.

Le goût est *plutôt* un don de la nature qu'une acquisition de l'art. Il faut regarder dans le cœur *plutôt* que dans la main de celui qui donne. Nous arriverons *plutôt* que vous. Les soldats périrent *plutôt* que de se rendre. Il n'eut pas *plutôt* fait cela, qu'il s'en repentit. Il était *plutôt* fait pour commander que pour obéir. Il est naturel à l'homme d'admirer *plutôt* le nouveau que le grand. On redoute l'écueil *quand* on fait naufrage. *Quand* au besoin de vivre, un vignoble, un verger, une laiterie fourniront agréablement à nos plaisirs. *Plutôt* souffrir que mourir : telle est la devise des hommes. Je partirai *quand* il fera jour ; *quand* à vous, restez à la maison. La précision du style fut connue *plutôt* chez les peuples du Nord ; les sensations moins vives firent qu'on voulut *plutôt* peindre que parler. Cet homme a le cœur bon ; *quand* à la tête, elle est mauvaise. Cet enfant rit *quand* les autres pleurent. *Quand* les hommes cesseront-ils de nuire ? Soyez *plutôt* maçon, si c'est votre métier.

213ᵉ EXERCICE. — 171, 172.

A la place des expressions en *italiques*, mettez *de suite* ou *tout de suite*, *tout à coup* ou *tout d'un coup*, selon le sens de la phrase.

La confiance et l'amitié naissent *tout à coup* entre les cœurs qui se ressemblent par la bonté. Admirons les coups de la fortune, qui relève *tout à coup* ceux qu'elle a abaissés. Il a perdu sa fortune *tout à coup*. Venez *de suite*. Il a parlé trois heures *de suite*. Il faut que les enfants obéissent *de suite*. Cet élève ne saurait dire deux mots *de suite* sans bégayer. Les troupes ont été sur pied trois jours *de suite*. Allez-y *de suite*. Si l'on pouvait oublier que l'on est malade, on serait *de suite* guéri. Lis ce livre *de suite*, à présent même. Lis ce livre *de suite* sans interruption. Cette étonnante nouvelle retentit *tout à coup* comme un éclat de tonnerre. Cet homme a gagné mille francs *tout à coup*. Dieu changea *tout à coup* le cœur du roi. La raison et la charité mûrirent *tout à coup* en elle. Le lynx ne court pas *de suite* comme le loup. Il avala la coupe *tout à coup*. Il faut envoyer *de suite* le médecin. *Tout à coup* les éclairs sillonnent la nue, le tonnerre gronde, les vents se déchaînent.

214ᵉ EXERCICE. — 173, 174.

Mettez *à* ou *de* à la place des points, et remplacez le tiret par les mots *entre* ou *parmi*.

Il est *près* ... *partir* (sur le point de partir). Il est *prêt* ... *partir* (tout préparé à partir). Il est *près* ... mourir. Est-il *prêt* ... mourir? Qui n'est pas généreux est bien *près* ... être injuste. La mort ne surprendra pas le sage, il est toujours *prêt* ... partir. On ne connaît l'importance d'une action que quand on est *près* ... l'exécuter. L'ignorance est toujours *prête* ... s'admirer. Je suis *prêt* ... rendre compte de ma conduite. Ce digne magistrat s'est fait remarquer — les gens de bien. Il y a une grande rivalité pour le commerce et l'industrie — la France et la Belgique. On trouva le voleur qui se cachait — la foule. Nous avons toujours remarqué beaucoup d'antipathie — les provinces du Nord et celles du Midi. Chez les Persans on enferme le criminel — deux auges de grandeur d'homme. Jour et nuit un homme de mer est le jouet des éléments: le feu est toujours *près* ... consumer son vaisseau, l'air *près* ... le renverser; l'eau *près* ... le submerger, et la terre *près* ... le briser.

215ᵉ EXERCICE. — 175, 176.

Remplacez le tiret par l'un des mots *à*, *ou*, *par*.

Le vent a abattu cinq — six cents arbres. On vit paraître à l'horizon cinq — six voiles. Une patrouille se compose de cinq — six hommes. On leur a pris sept — huit centshommes. Les chameaux font aisément seize — vingt lieues par jour. Les cocotiers des îles Séchelles ont des feuilles de douze — quinze pieds de long et de sept — huit de largeur. La tigresse produit quatre — cinq petits. Nous comptons y séjourner trois — quatre mois. Je serai chez moi de dix — onze heures. Je suis étonné de voir jusqu'à sept huit personnes se rassembler sous un même toit. L'arbre est tombé — terre. Les fruits tombent — terre. L'ambitieux ressemble au volant; les grands, qui jouent à la raquette, se le renvoient les uns aux autres, jusqu'à ce qu'il vienne à tomber; alors le jeu cesse, et le volant reste — terre. Toutes les pommes de ce pommier sont tombées — terre. Lorsque Jésus-Christ leur dit : « C'est moi, » ils furent renversés et tombèrent — terre. Ce couvreur est tombé — terre du haut de la maison.

216e EXERCICE. — 177, 178.

Remplacez les points par l'un des mots à, de, au.

Je viens de jouer, c'est à vous... jouer. Monsieur, c'est à vous ... jouer le premier. C'est à vous ... donner l'exemple. C'est au souverain ... faire exécuter les lois. Faibles mortels que nous sommes, est-ce à nous ... pénétrer les secrets de la divinité ! Mirabeau monta à la tribune sans attendre que ce fût à lui ... parler. Je n'ai plus rien à conter; c'est à toi ... conter tes exploits ... travers les périls un grand cœur se fait jour. Je ne sais quoi de divin coule sans cesse .... travers de leurs cœurs. Il lui a passé sa baïonnette ... travers du corps. Nous passâmes ... travers les vaisseaux ennemis. On voit le jour ... travers des vitres. L'homme marche ... travers une nuit importune. Un roi ne voit le peuple qu'... travers le prisme brillant de la cour; comment devinerait-il la misère sous les riches couleurs qu'il réfléchit. J'ai trouvé un papier ... travers les feuilles de mon livre. L'ivraie est mêlée ... travers le bon grain.

217e EXERCICE. — 179, 180.

Corrigez les fautes des expressions en *italiques*, et mettez *envers* ou *à l'égard* à la place de *vis-à-vis*, quand le sens l'exige.

Le jardin est tout *près de* la maison. Cette bonne mère

n'est heureuse que *près de* ses enfants. Cette grande maison est *près de* la vôtre. Il a approché fort *près du* but. La terre n'est qu'un point *près de* l'univers. J'apprends la perte que vous venez de faire, et ce moment est un de ceux où j'ai le plus de regret de n'être pas *près de* vous. Quand il est en colère, il ne fait pas bon *auprès de* lui. Votre frère demeure *près du* palais impérial. Il est *vis-à-vis* de mes fenêtres. Il loge *près l'*arsenal, *vis-à-vis* la nouvelle rue. Nous échouâmes *vis-à-vis de* l'île de Ténédos. C'est *vis-à-vis de* l'église que la croix fut plantée. Le souverain n'a qu'un seul devoir à remplir *vis-à-vis* l'Etat : c'est de faire observer la loi. La justesse d'esprit apprend à être équitable *vis-à-vis d'*autres, et modéré pour soi-même.

218ᵉ EXERCICE. — 181, 182.

Ecrivez *parce que* ou *par ce que*, *quoique* ou *quoi que*.

Rien n'enfle et n'éblouit les grandes âmes, *parce que* rien n'est plus haut qu'elles. J'abattrai cet arbre, *parce qu'*il ne produit rien. On juge d'un arbre *parce qu'*il produit. *Parce que* je vous dis, ne croyez pas, Madame, que je veuille applaudir à son opinion. Je vous ai puni *parce que* vous le méritez. Vous auriez dû voir, *parce que* je vous ai dit, que vous étiez en faute. Nous devons nous appliquer à l'étude pendant notre jeunesse, *parce que* les ignorants ne sont guère estimés, *quoiqu'*ils aient d'ailleurs de bonnes qualités. *Quoique* ce puisse être, j'en dirai le secret. Jamais, *quoique* vous fassiez, vous ne parviendrez à vous rendre heureux si vous n'êtes honnête homme. Nous apprenons des nouvelles des pays étrangers *parce que* nous en disent les feuilles publiques. Je vous pardonne, *quoique* vous ne le méritiez pas. *Quoique* tu fasses, considère la fin. Cet enfant est bon moniteur, *quoiqu'*il ne soit pas fort instruit. On ne croit pas un menteur, *quoiqu'*il dise. Dieu est présent partout, *quoique* nous ne puissions le voir.

RÉCAPITULATION.

219ᵉ EXERCICE.

Traduisez au pluriel.

Lettre d'un père à son fils.

Mon cher fils, tu peux déjà reconnaître que ce n'est pas

de la condition où tu te trouveras placé, mais de la route
que tu suivras, que dépend ton bonheur. Maintenant,
puisque tu commences à parcourir ta carrière, quel plus
grand intérêt peux-tu avoir que de régler ton plan de conduite avec la plus sérieuse application, avant que tu aies
commis quelque faute funeste et irréparable? Si tu ne con-
sacres pas toutes tes réflexions à cet objet utile, si tu te
livres, dans un moment si critique, à l'indolence et aux
plaisirs, si tu te refuses de prendre d'autres conseils que
ceux de tes caprices, si tu t'abandonnes au hasard sur le
fleuve de la vie, quels résultats espères-tu d'un tel dé-
but? Obtiendras-tu des succès sans les efforts, échapperas-
tu au péril sans les précautions qui sont nécessaires aux
autres? Crois-tu que le bonheur viendra de lui-même
s'offrir à toi? Penses-tu qu'il te priera d'accepter ses faveurs, quand, pour le reste du genre humain, il est le fruit
d'une longue persévérance! Ne t'abuse point de ce fol
espoir, et n'attends pas que, pour te plaire, la Providence
renverse l'ordre établi. L'auteur de ton existence veut que
tu prennes garde à ta route, que tu examines le sentier
où tu mènes tes pas, que tu te souviennes de ton Créateur
au jour de ta jeunesse.

220ᵉ EXERCICE.

Traduisez au pluriel.

LA BREBIS. — Cet *animal*, si chétif en lui-même, si dé-
pourvu de sentiment, si dénué de qualités extérieures, est
pour *l'homme* l'animal le plus précieux, celui dont l'uti-
tilité est la plus immédiate et la plus étendue; seul il peut
suffire aux besoins de première nécessité; il fournit tout
à la fois de quoi se nourrir et se vêtir, sans compter les
avantages particuliers que l'on sait tirer du suif, du lait,
de la peau, et même des boyaux, des os et du fumier de
cet animal, auquel il semble que la nature n'ait, pour
ainsi dire, rien accordé en propre, rien donné que pour
et rendre à l'homme. — La *chèvre* vient à l'homme volontiers; elle se familiarise aisément; elle est sensible aux
caresses et capable d'attachement; elle est plus forte, plus
vivère, plus agile et moins timide que la *brebis*. Elle est
la plus, capricieuse, lascive et vagabonde. Elle aime à s'é-

carter dans les solitudes; elle gravit les lieux escarpés, se place et dort même sur la pointe des rochers.

221ᵉ EXERCICE.

Traduisez au pluriel.

Docilité, adresse et habileté du chien.

Le chien, plus docile que l'homme, plus souple qu'aucun des animaux, non-seulement s'instruit en peu de temps, mais même il se conforme aux mouvements, aux manières, à toutes les habitudes de ceux qui lui commandent. Il prend le ton de la maison qu'il habite; comme les autres domestiques, il est dédaigneux chez les grands, et rustre à la campagne. Toujours empressé pour son maître et prévenant pour ses seuls amis, il ne fait aucune attention aux gens indifférents, et se déclare contre ceux qui, par état, ne sont faits que pour importuner; il les connaît aux vêtements, à la voix, à leurs gestes, et les empêche d'approcher. Lorsqu'on lui a confié pendant la nuit la garde de la maison, il devient plus fier, et quelquefois féroce; il veille, il fait la ronde, il sent de loin les étrangers, et pour peu qu'ils s'arrêtent ou tentent de franchir les barrières, il s'élance, s'oppose, et par des aboiements réitérés, des efforts et des cris de colère, il donne l'alarme, avertit et combat. Aussi furieux contre les hommes de proie que contre les animaux carnassiers, il se précipite sur eux, les blesse, les déchire, leur ôte ce qu'ils s'efforçaient d'enlever; mais, content d'avoir vaincu, il se repose sur les dépouilles, n'y touche pas, même pour satisfaire son appétit, et donne en même temps des exemples de courage, de tempérance et de fidélité.

222ᵉ EXERCICE.

Mettez à la première personne du singulier les verbes qui sont à la première personne du pluriel.

Le 5 juin, le Vésuve commença à vomir des flamme' Quelques jours après, nous entendions ses mugisseme. de la distance de douze kilomètres. Nous résolûme' nous approcher davantage de la montagne. Nous entrâ dans un bateau, et nous débarquâmes à une petite vill tuée au pied du volcan. De là nous continuâmes de r cher trois ou quatre kilomètres avant d'arriver au topas

de feu que nous voyions descendre des flancs du Vésuve.
Nous observâmes dans le nuage qui s'élevait au-dessus du
cratère un mélange de couleurs vertes, jaunes, rouges et
bleues. Nous distinguâmes aussi une lueur d'un rouge
pâle au-dessus du terrain où nous voyions couler cette
lave brûlante. C'était le spectacle le plus extraordinaire
que nous eussions jamais eu sous les yeux ; mais nous le
trouvâmes encore plus terrible quand nous approchâmes
de la rivière enflammée. Nous marchâmes sur la montagne en avant de nos compagnons, mais nous fûmes presque suffoqués par la vapeur sulfureuse, et contraints de
nous retirer. Nous retournâmes sur nos pas : durant notre
retour, nous entendîmes, sans interruption, les mugisse-
ments de la montagne, et nous observâmes qu'elle vomis-
sait d'énormes masses de flammes et de pierres embrasées,
qui, en tombant, ressemblaient à des fusées volantes.

223ᵉ EXERCICE.

Mettez au pluriel les mots soulignés et ceux qui s'y rapportent.

Heureuse l'*âme* chrétienne qui, suivant le *précepte* de
Jésus-Christ, n'aime ni ce monde ni tout ce qui le compose ; qui s'en sert comme de moyens par un *usage* fidèle,
sans s'y attacher comme à sa fin par une *passion* déréglée ;
qui sait se réjouir sans dissipation, s'attrister sans abatte-
ment, désirer sans inquiétude, acquérir sans injustice,
posséder sans orgueil, et perdre sans douleur ! Heureuse,
encore une fois, l'âme qui, s'élevant au-dessus d'elle-même,
et malgré le *corps* qui l'appesantit, remontant à son origine,
passe au travers des choses créées sans s'y arrêter, et va
se perdre heureusement dans le sein de son Créateur. —
L'*animal* apprivoisé est plus faible, moins adroit et moins
industrieux que l'*animal* sauvage ; mais dès qu'il est rendu
à la liberté, dès qu'il rentre dans la nécessité de pourvoir
à ses besoins, il recouvre toutes ses affections naturelles,
et avec elles toute sa sagacité ; il reprend toutes ses qualités ; il s'unit et s'attache plus étroitement à ceux de son
espèce, il montre plus de tendresse pour ses petits ; il pré-
voit les saisons et met en usage toutes les ressources que
la nature lui a suggérées.

5

224ᵉ EXERCICE.

Traduisez au singulier tout ce que le sens permet de traduire.

Les nouveaux propriétaires auxquels appartiennent ces troupeaux veulent qu'ils deviennent beaucoup plus gras, pour qu'ils puissent être vendus plus cher. — Quand ces excellents princes proscrivent des coupables, ils sont plus désolés que les coupables eux-mêmes. — Chez les peuples orientaux, les prosélytes sont des païens convertis. — Tes frères eussent-ils voulu être regardés comme de chauds partisans de ces nouveaux systèmes qui compromettent tout aujourd'hui, et déshonorent leurs imprudents auteurs ? Que tenez-vous là dans la main ? Ne sont-ce pas les prospectus des beaux ouvrages que vous désiriez acquérir, et dont vous vous entretenez souvent avec vos commensaux favoris ? — Telles sont les précautions que vous auriez dû prendre pour que ces établissements prospérassent. Pourquoi ne nous avez-vous pas crus lorsque vous nous avez consultés ?

225ᵉ EXERCICE.

Traduisez au pluriel tout ce que le sens permet de traduire.

Cette jeune personne, ainsi abandonnée à elle-même, courra un grand danger dans un pareil lieu si elle n'est promptement éclairée par un directeur dans lequel elle ait confiance. — Quelle belle perspective aurait offerte ce château royal, s'il eût été bâti sur cette hauteur, selon le vœu émis par notre dernier duc régnant ! — Votre neveu gagea, comme un fou, que ce serait lui qui aurait le plus bel équipage ; si cette folle gageure est perdue, il se trouvera fort embarrassé. — La pervenche croît ordinairement dans un lieu solitaire et boisé ; c'est une plante verte et vivace qui a une fleur bleue fort jolie. — Avec un maître comme celui-là, si dévoué, si ingénieux, l'esprit le plus pesant, le plus obtus, s'il veut être attentif, sera bientôt parvenu à se rendre compte de ce qu'il fait. — Le principal moyen employé par cet excellent et habile instituteur, était toujours si bien ménagé, que le caractère le plus pervers changeait chez lui, ou du moins se trouvait bientôt amélioré.

226ᵉ EXERCICE.

Traduisez au singulier tout ce que le sens permet de traduire.

Nous savons les grands voyages que vous projetez, mais vous les projetterez encore longtemps. Vos sœurs aussi les ont projetés presque toute leur vie, sans qu'elles pussent les exécuter. Comme elles, vous vous y prenez mal, et vous vous résolvez trop difficilement à partir. — Les discours prolixes sont ceux qui s'étendent trop et se perdent dans des détails minutieux et ennuyeux. — Vous ne prîtes pas pitié de ces enfants; vous prolongeâtes leurs maux, et vous ne les soulageâtes pas aussitôt que vous auriez pu les soulager. — Autrefois, vous vous promeniez souvent sur les bords de ces gentils ruisseaux; maintenant, vous fuyez ces lieux charmants; vous ne vous y promenez presque plus; vous y promènerez-vous aujourd'hui avec nous? — Tenez vos promesses, et n'oubliez pas les serments solennels par lesquels vous vous engagiez naguère à remplir seuls ces devoirs sacrés. — Pourquoi promettez-vous, puisque vous savez que vous ne pouvez pas vous rendre aux aimables invitations que vous recevez?

227ᵉ EXERCICE.

Mettez à la deuxième personne du singulier les verbes qui sont à la deuxième personne du pluriel.

Jouissez des plaisirs innocents de la jeunesse, mais sachez les épurer et les ennoblir. Il faut que vous étudiiez le grec à fond pour que vous vous en souveniez. Toutes les fois que vous entreprendrez de lire une histoire, faites un court extrait des événements mémorables, et mettez par écrit l'époque où ils sont arrivés. Vous trouverez ces précautions d'un grand secours pour la mémoire, et vous vous apercevrez bientôt de la facilité avec laquelle vous vous rappellerez les faits que vous n'avez pas écrits. Il faut que vous vous persuadiez que le bon sens et la science sont les fondements de l'art de bien dire. O hommes! respectez la majesté du Tout-Puissant, et ne tentez pas sa colère. Craignez-le tous les jours de votre vie, et marchez dans les sentiers qu'il a ouverts devant vous. Je veux que vous éclairiez votre esprit, que vous régliez vos désirs, que vous laissiez la justice guider vos mains, que vous échauf-

fiez votre cœur au feu de la bienveillance. Pourquoi crai-
gnez-vous la mort, si vous avez assez bien vécu pour n'en
pas craindre les suites? Pourquoi redoutez-vous cet instant, qui est préparé par une infinité d'autres instants du
même ordre?

228ᵉ EXERCICE.

Traduisez au pluriel tout ce que le sens permet de traduire.

C'est une curieuse antiquité que tu as là découverte :
un pareil carquois, fût-il rempli de flèches, devait être
bien léger et peu embarrassant. Quand il voit debout le
château de cartes qu'il a bâti, l'enfant est aussi réjoui,
aussi triomphant que l'architecte contemplant le palais
qu'il a construit. — Le castor est un quadrupède amphi-
bie. Il eût été reconnu pour l'animal le plus industrieux,
par le moyen qu'il emploie quand il construit son loge-
ment, si le singe ne se fût montré plus adroit encore dans
tout ce qu'il fait. — Le catarrhe ou gros rhume dont tu
te plains d'être atteint n'est pas mortel; mais c'est une
maladie qui ne finit pas et qui fait bien souffrir. Soigne-
toi bien, tiens-toi chaudement et ne va pas dehors tant
que régnera ce brouillard malsain. — Ne t'effraie pas,
excellente mère, si ta fille paraît souffrante. Le danger
qu'elle a couru ou qu'elle a pu courir est passé. Apprends
que si le cauchemar qui lui est survenu pendant son
sommeil avait duré plus longtemps, elle eût été suffoquée,
elle eût péri.

229ᵉ EXERCICE.

Traduisez au pluriel tout ce que le sens permet de traduire.

Cet intéressant jeune homme étudie beaucoup, et il
suit, avec succès, l'utile cours récemment ouvert, et si
habilement professé par ce médecin si éminemment phi-
lanthrope. Déjà l'élève décrit presque aussi bien que son
savant maître l'usage de ce petit trou imperceptible appelé pore, qui se trouve dans l'animal, et par lequel sort
la partie de tel ou tel aliment qui ne contribue pas ou ne
sert pas à nourrir. — Aurais-tu cru qu'un bois dur, com-
pacte et pesant comme celui-ci crût aussi vite qu'il a crû
et fût aussi poreux qu'il l'est? — La puissance ennemie
contre laquelle notre brave armée s'est battue, paraissait
inattaquable et invincible sur terre et sur mer; cependant

elle a été vaincuë, quoique sa moindre place forte fût remplie de soldats, quoique son plus petit port [fût garni et hérissé de vaisseaux.

230e EXERCICE.

Traduisez au pluriel tout ce que le sens permet de traduire.

Si tu tiens à éviter ce différend avec cet individu, si tu conclus avec lui l'arrangement qui t'est proposé, défie-toi bien et prends-y garde, car c'est un homme retors. — Apprends en quoi le rêve diffère du songe; le rêve s'oublie plus facilement, parce qu'il est trop vague, trop diffus, trop décousu, trop extravagant, pour être retenu; le songe se retient mieux, parce qu'il est assez présent, assez remarquable pour être rapporté. — Ce réverbère devient inutile et embarrassant depuis que cette rue si fréquentée est éclairée au gaz. — Si ce premier revers que tu prévoyais t'abat ainsi, comment supporteras-tu une faillite que tu ne prévois pas, à laquelle tu vas être exposé et que tu essuieras, sans doute, quoi que tu fasses pour l'éviter?

FIN.

TABLE DES MATIÈRES

	Pages			Pages
Notions générales	3	Le Participe		68
Le Nom	8	L'Adverbe		73
L'Article	18	La Préposition		78
L'Adjectif	22	La Conjonction		79
Le Pronom	34	L'Interjection		80
Le Verbe	40			

REMARQUES PARTICULIÈRES.

Le Nom	81	Le Pronom	89
L'Article	85	Les mots invariables	91
L'Adjectif	86	Récapitulation	94

Morceaux qui peuvent servir de dictées.

	Exercices		Exercices
Un Instituteur à ses élèves.	1	L'Humble et l'Orgueilleux	75
Id. (Suite.)	2	Susanne	76
Id. (Suite.)	3	L'Evangile	89
Id. (Suite.)	4	Les deux Servantes	90
Id. (Suite.)	5	Les bonnes Œuvres	91
Id. (Suite.)	6	Id. (Suite.)	92
Le Chien	11	Devoirs envers la famille	95
Etude de la nature	13	L'Instruction	99
Les Plantes	20	Le Nid	106
Id. (Suite.)	21	La Vérité	107
La Conscience	23	Les Nids d'oiseaux	110
Id. (Suite.)	24	Une Fille à sa mère	115
La Religion	29	Id. (Suite.)	116
Œuvres merveilleuses de Jé-		Id. (Suite.)	117
sus-Christ	40	Doctrine de Jésus-Christ	119
Combat du Taureau	41	Lettre à un frère	168
La Religion	42	Réponse à la précédente	169
Le Prêtre	49	La Parole de Dieu	184
Id. (Suite.)	50	L'homme est né pour le ciel	191
Id. (Suite.)	51	Un père à son fils	219
Le Ciel	54	Les Brebis	220
L'Ecureuil	55	Docilité, adresse et habileté	
La Chèvre	57	des chiens	221
Les Français	69	Le Vésuve	222
Les Miracles	74		

Dijon, imp. Loireau-Feuchot, place St-Jean, 4 et 5.

RÉSUMÉ

DES

PRINCIPES DE GRAMMAIRE.

1. La Grammaire est l'art de parler et d'écrire correctement.

2. Parler et écrire, c'est exprimer sa pensée par des mots. Les mots sont les signes de nos pensées ; ils sont composés de lettres.

3. L'alphabet français comprend 25 lettres, divisées en *voyelles* et en *consonnes*.

4. Il y a 6 voyelles, qui sont *a, e, i, o, u, y*. On les appelle *voyelles* parce que, seules, sans le secours d'autres lettres, elles représentent une *voix* ou *son*.

5. Il y a 19 consonnes, qui sont *b, c, d, f, g, h, j, k, l, m, n, p, q, r, s, t, v, x, z*. On les appelle *consonnes* parce qu'elles ne forment un *son* qu'avec les voyelles.

6. On appelle *syllabe* tout mot ou partie de mot qui se prononce d'un seul coup de voix. Les mots d'une syllabe s'appellent *monosyllabes* ; ceux de plusieurs syllabes s'appellent *polysyllabes*.

7. Il y a trois sortes d'*E* ; l'e muet, l'é fermé, l'è ouvert. L'e muet est celui dont le son est peu sensible et quelquefois nul : *homme, rue*. L'é fermé est celui qui se prononce la bouche presque fermée : *vénéré, nez*. L'è ouvert est celui qui se prononce la bouche ouverte : *procès*.

8. L'y grec s'emploie pour un *i* après une consonne : *style* ; et pour deux *ii* après une voyelle : *moyen*.

9. Il y a deux sortes d'*H* : l'*h* muet et l'*h* aspiré. L'*h* muet est celui qui ne se fait pas sentir dans la prononciation : l'*homme*, l'*histoire*. L'*h* aspiré est celui qui fait prononcer avec aspiration la voyelle suivante et empêche la liaison et l'élision : les *héros*, le *hameau*.

10. Les voyelles sont longues ou brèves : les voyelles *longues* sont celles sur lesquelles on appuie plus longtemps que sur les autres en les prononçant : *Pâte, tête, gîte, apôtre, flûte*. Les voyelles *brèves* sont celles qui se prononcent rapidement : *patriote, utile*.

11. Les signes orthographiques sont des marques qui servent à indiquer certaines modifications que doivent subir les lettres ; ces signes sont : l'*accent aigu* ('), l'*accent grave* (`), l'*accent circonflexe* (^), l'*apostrophe* ('), la *cédille* (¸), le *tréma* (¨) et le *trait d'union* (-).

12. L'accent aigu se met sur les *é* fermés : *vénéré* ; l'accent grave se met sur les *è* ouverts : *accès* ; l'accent circonflexe se met sur la plupart des voyelles longues où il indique la suppression d'une lettre : *maître*.

13. L'*apostrophe* marque la suppression d'une des voyelles *a, e,* à la fin des mots suivis d'une voyelle ou d'un *h* muet. Il marque aussi la suppression de *i* dans *si* suivi de *il, ils.*

14. La *cédille* se met sous le *c* devant *a, o, u,* pour indiquer qu'on doit le prononcer comme *s* : *façade, maçon, reçu.*

15. Le *tréma* se met sur les voyelles *e, i, u,* pour indiquer qu'il faut les prononcer séparément de la voyelle qui précède: *poëte, Moïse, Saül.*

16. Le *trait d'union* sert à marquer la liaison qui existe entre deux mots : *chef-lieu, arc-en-ciel.*

17. Les signes de ponctuation sont des marques qui indiquent dans l'écriture les pauses ou repos qu'on doit faire en lisant. Ces signes sont : la *virgule* (,), le *point-virgule* (;), les *deux points* (:), le point (.), le *point d'interrogation* (?) et le *point d'exclamation* (!).

18. La virgule indique une très-petite pause ; le point-virgule et les deux points indiquent une pause un peu plus longue ; le point indique la plus longue pause.

19. Il y a en français dix sortes de mots ou parties du discours : le *nom,* l'*article,* l'*adjectif,* le *pronom,* le *verbe,* le *participe,* l'*adverbe,* la *préposition,* la *conjonction* et l'*interjection.* Les six premiers sont variables dans leurs terminaisons ; les quatre derniers sont invariables.

LE NOM.

20. Le *nom* est un mot qui sert à nommer une personne, un animal ou une chose, comme *Paul, cheval, maison.*

21. Il y a deux sortes de noms : le nom *commun* et le nom *propre.* Le nom *commun* est celui qui convient à toutes les personnes, à toutes les choses semblables ou de la même espèce ; exemples : *homme, cheval, couteau.* Le nom *propre* est le nom particulier d'une personne ou d'une chose ; exemple : *Adam, Eve, Paris, la Seine.* Les noms propres s'écrivent par une majuscule et ne prennent pas la marque du pluriel.

22. Les noms propres employés comme noms communs pour désigner des personnes qui ressemblent par leurs talents, leurs qualités, etc., à celles qui ont porté ces noms, prennent la marque du pluriel.

23. Il y a deux genres : le *masculin* et le *féminin.* Les noms de *mâles* sont masculins ; les noms de *femelles* sont féminins. L'usage a aussi donné un genre aux noms de choses inanimées : ceux devant lesquels on peut mettre *le* ou *un* sont masculins ; ceux devant lesquels on peut mettre *la* ou *une* sont féminins.

24. Il y a deux nombres ; le *singulier* et le *pluriel* : le singulier, quand on parle d'une seule personne ou d'une seule chose ; et le *pluriel*, quand on parle de plusieurs.

Formation du pluriel dans les noms.

25. On forme ordinairement le pluriel dans les noms en ajoutant *s* à la fin ; mais les noms terminés au singulier par *s*, *x*, *z*, n'ajoutent rien : le *père*, les *pères* ; le *fils*, les *fils* ; la *voix*, les *voix* ; le *nez*, les *nez*.

26. Les noms terminés par *au*, *eu*, prennent *x* au pluriel : le *couteau*, les *couteaux* ; le *feu*, les *feux*.

27. Les sept noms *bijou*, *caillou*, *chou*, *genou*, *hibou*, *joujou*, *pou*, prennent *x* ; les autres noms en *ou* prennent *s* : un *bijou*, des *bijoux* ; un *clou* des *clous*.

28. Les noms terminés par *al*, changent *al* en *aux*, excepté *bal*, *carnaval*, *régal*, *chacal*, *pal*, *cal*, et quelques autres qui prennent *s* : un *cheval*, des *chevaux* ; un *bal*, des *bals*.

29. Les sept noms : *bail*, *corail*, *émail*, *soupirail*, *travail*, *vantail*, *vitrail*, changent *ail* en *aux* ; les autres noms en *ail* prennent *s*.

30. Les cinq noms suivants ont deux pluriels :

Aïeul prend *s* quand il désigne les deux grands pères, ou le grand père et la grand'mère ; il fait *aïeux* dans le sens d'ancêtres.

Ciel prend *s* au pluriel dans *ciels-de-lit*, *ciels-de-tableaux*, *ciels-de-carrières*, dans les autres cas il fait *cieux*.

Œil prend *s* au pluriel dans les noms composés : des *œils-de-bœuf*, des *œils-de-perdrix* ; dans les autres cas il fait *yeux*.

Ail fait au pluriel *ails* ou *aulx*.

Travail prend *s* au pluriel quand il désigne des *comptes*, des *rapports*, ou des *machines* pour ferrer les chevaux ; dans les autres cas il fait *travaux*.

31. En résumé, tous les noms pluriels sont terminés par *s* ou *x* ou *z*.

L'ARTICLE.

32. L'*article* est un mot qui se met devant les noms communs pris dans un sens déterminé, et qui en prend le genre et le nombre.

33. Il y a trois sortes d'articles : les articles simples *le*, *la*, *les* ; les articles contractés *du*, *des*, *au*, *aux* ; et l'article élidé *l'*.

34. *Le*, se met devant les noms masculins singuliers : *le père*.
La, se met devant les noms féminins singuliers : *la mère*.
Les, se met devant tous les noms pluriels soit masculins soit féminins : *les pères*, *les mères*.

35. *Du*, est mis pour *de le* ; et *au* pour *à le*, au masculin singulier devant une *consonne* ou un *h* aspiré. *Des* est mis pour *de les*, et *aux* pour *à les*, devant tous les noms pluriels.

36. On appelle *contraction*, la réunion des articles *le*, *les*, avec les prépositions *à*, *de*.

37. *L'*, est mis pour *le* au masculin, et pour *la* au féminin, devant une *voyelle* ou un *h* muet.

38. On appelle *élision*, la suppression de *e*, *a*, dans *le*, *la*.

39. On fait quelquefois usage de l'article devant les noms propres géographiques; on sous-entend alors un nom commun : *la Saône*, pour la *rivière Saône*.

40. On fait usage de l'article devant tous les noms pris dans un sens déterminé, à moins qu'un adjectif déterminatif n'en fasse la fonction; mais on ne l'emploie pas devant les noms indéterminés.

L'ADJECTIF.

41. L'*adjectif* est un mot que l'on ajoute au nom pour exprimer la *qualité* d'une personne ou d'une chose, ou pour la *déterminer*.

42. Il y a deux sortes d'adjectifs, les adjectifs *qualificatifs* et les adjectifs *déterminatifs*.

43. Les adjectifs *qualificatifs* sont ceux qui expriment les qualités, bonnes ou mauvaises, des personnes et des choses; c'est-à-dire qui indiquent *comment* elles sont.

44. Les adjectifs *déterminatifs* sont ceux qui font connaître d'une manière précise de quelle personne ou de quelle chose on veut parler.

45. Il y a cinq sortes d'adjectifs déterminatifs : *possessifs*, *démonstratifs*, *numéraux-cardinaux*, *numéraux-ordinaux*, et *indéfinis*.

46. Les adjectifs *possessifs* sont ceux qui servent à marquer la possession de l'objet dont on parle. Ces adjectifs sont : m. s. *mon*, *ton*, *son*, *notre*, *votre*, *leur*; f. s. *ma*, *ta*, *sa*, *notre*, *votre*, *leur*; plur. des deux genres, *mes*, *tes*, *ses*, *nos*, *vos*, *leurs*.
Par euphonie on emploie *mon*, *ton*, *son*, au féminin, devant une voyelle ou un *h* muet.

47. Les adjectifs *démonstratifs* sont ceux qui servent à montrer les objets dont on parle. Ces adjectifs sont : *ce*, *cet*; *cette*, *ces*.
On met *ce* devant une consonne ou un *h* aspiré; et *cet* devant une voyelle ou un *h* muet.

48. Les adjectifs *numéraux-cardinaux* sont ceux qui expriment le nombre, ou la quantité. Ces adjectifs sont : *un*, *deux*, *trois*... *vingt*, *cent*, *mille*, etc.

49. Les adjectifs *numéraux-ordinaux* sont ceux qui marquent l'ordre, le rang. Ces adjectifs sont : *premier*, *second* ou *deuxième*, *troisième*, etc. Ils se forment des adjectifs *numéraux-cardinaux*, en y ajoutant la terminaison *ième*.

50. Les adjectifs *indéfinis* sont ceux qui indiquent que les noms auxquels ils se rapportent sont pris d'une manière *générale*, non *déterminée*. Ces adjectifs sont : *aucun*, *autre*, *certain*, *chaque*, *maint*, *même*, *nul*, *plusieurs*, *quel*, *quelque*, *quelconque*, *tel*, *tout*, *un*.

51. Tous les adjectifs, soit qualificatifs, soit déterminatifs, se mettent au même genre et au même nombre que les noms auxquels ils se rapportent.

52. Quand un adjectif se rapporte à plusieurs noms singuliers, il se met au pluriel, et si les noms sont de différents genres, l'adjectif se met au pluriel masculin; mais alors l'oreille exige qu'on énonce le nom masculin le dernier.

53. Néanmoins l'adjectif placé après plusieurs noms s'accorde avec le dernier, lorsque les noms sont à peu près synonymes, ou qu'ils sont mis par gradation.

Formation du féminin et du pluriel dans les adjectifs.

54. On forme ordinairement le féminin dans les adjectifs en ajoutant un *e* muet à la fin de ceux qui ne sont pas terminés au masculin par *e*.

55. La plupart des adjectifs terminés par une consonne doublent au féminin cette consonne avant l'*e* muet. Les six adjectifs: *complet, concret, discret, inquiet, replet, secret*, prennent un accent grave sur l'*e* au lieu de doubler le *t*.

56. Les adjectifs terminés par *f*, changent *f* en *ve*, et ceux terminés par *x*, changent *x* en *se*.

57. Les adjectifs terminés en *eur*, changent ordinairement *eur* en *euse*; quelques-uns changent *eur* en *rice*; d'autres changent *eur* en *eresse*; enfin les adjectifs en *érieur* et les trois adjectifs: *majeur, mineur, meilleur*, prennent un *e* muet.

58. Les cinq adjectifs: *beau, nouveau, fou, mou, vieux*, ont une deuxième forme au masculin: *bel, nouvel, fol, mol, vieil*, qu'on emploie devant une voyelle ou un *h* muet. De cette deuxième forme on forme le féminin en doublant la lettre *l* avant l'*e* muet.

59. Les adjectifs terminés par *gu*, prennent un tréma sur l'*u* avant l'*e* muet.

60. Les adjectifs suivants forment leur féminin irrégulièrement:

Blanc,	*blanche.*	Caduc,	*caduque.*	Tiers,	*tierce.*	Roux,	*rousse.*
Franc,	*franche.*	Grec,	*grecque.*	Favori,	*favorite.*	Jumeau,	*jumelle.*
Sec,	*sèche.*	Turc,	*turque.*	Coi,	*coite.*	Long,	*longue.*
Frais,	*fraîche.*	Malin,	*maligne.*	Doux,	*douce.*	Oblong,	*oblongue.*
Public,	*publique.*	Bénin,	*bénigne.*	Faux,	*fausse.*	Traître,	*traîtresse*

61. En résumé, tous les adjectifs féminins sont terminés au singulier par un *e* muet.

62. On forme le pluriel des adjectifs comme celui des noms; ils sont tous terminés au pluriel par *s* ou *x*.

LE PRONOM.

63. Le *pronom* est un mot qui sert à remplacer le nom pour en rappeler l'idée et en éviter la répétition.

64. Le pronom remplace aussi quelquefois un adjectif, ou un verbe, ou un membre de phrase; dans ce cas il est toujours masculin singulier.

65. Lorsque le pronom remplace un nom, il en remplit les fonctions et en prend le genre, le nombre et la personne.

66. Il y a trois personnes : la première est celle *qui parle*; la seconde est celle *à qui l'on parle*; la troisième est celle *de qui l'on parle*.

67. Il y a cinq sortes de pronoms : les pronoms *personnels*, les pronoms *possessifs*, les pronoms *démonstratifs*, les pronoms *relatifs*, et les pronoms *indéfinis*.

68. Les pronoms *personnels* sont ceux qui désignent les trois personnes. Ces pronoms sont : première personne, *je, me, moi, nous*; deuxième pers. , *tu, te, toi, vous*; troisième pers. , *il, elle ; ils, elles ; lui, leur, eux ; le, la, les ; se, soi ; en, y.*

69. Les pronoms *possessifs* sont ceux qui indiquent à qui appartiennent les objets qu'ils représentent. Ces pronoms sont : masc. sing. , *le mien, le tien, le sien, le nôtre, le vôtre, le leur;* fémin. sing., *la mienne, la tienne, la sienne, la nôtre, la vôtre, la leur;* masc. plur. , *les miens, les tiens, les siens, les nôtres, les vôtres, les leurs;* fémin. plur., *les miennes, les tiennes, les siennes, les nôtres, les vôtres, les leurs.*

70. Les pronoms *démonstratifs* sont ceux qui servent à montrer les objets qu'ils représentent. Ces pronoms sont : *ce, ceci, cela;* masc. sing. , *celui, celui-ci, celui-là;* fémin. sing., *celle, celle-ci, celle-là;* masc. plur., *ceux, ceux-ci, ceux-là;* fémin. plur. , *celles, celles-ci, celles-là.*

71. Les pronoms *relatifs ou conjonctifs* sont ceux qui servent à unir et à mettre en relation deux propositions d'une même phrase. Ces pronoms sont : *qui, que, quoi, dont;* masc. sing., *lequel, duquel, auquel;* fémin. sing., *laquelle, de laquelle, à laquelle;* masc. plur., *lesquels, desquels, auxquels;* fémin. plur. , *lesquelles, desquelles, auxquelles.*

72. Les pronoms *indéfinis* sont ceux qui indiquent d'une manière *vague et indéterminée* les personnes ou les choses qu'on ne veut pas, ou qu'on ne peut pas nommer. Ces pronoms sont : *on, quiconque, chacun, aucun, autrui, personne, tout, rien, nul, tel, pas un, plusieurs, l'un l'autre, l'un et l'autre, certains, quelqu'un, quelqu'autre.*

LE VERBE.

73. Le *verbe* est un mot qui sert à affirmer que l'on *est* ou que l'on *fait* quelque chose.

74. Conjuguer un verbe, c'est l'écrire ou le réciter dans toute son étendue.

75. On distingue dans le verbe deux parties, le *radical* et la *terminaison*. Le *radical* est la partie du verbe qui ne varie pas; la *terminaison* est la partie qui s'ajoute au radical pour indiquer à quel nombre, à quelle personne, à quel temps et à quel mode est employé le verbe.

76. Le *sujet* du verbe est la personne ou la chose qui fait l'action ou qui est dans l'état exprimé par le verbe; on le trouve en faisant la question *qui est-ce qui?* La réponse est le sujet; lequel est toujours un *nom*, ou un *pronom*, ou un *infinitif*.

LE VERBE. 9

77. Le verbe se met au même nombre et à la même personne que son sujet. Quand il a plusieurs sujets singuliers, il se met au pluriel, et à la personne qui a la priorité.

78. Néanmoins lorsque le verbe a plusieurs sujets particuliers il s'accorde ordinairement avec le dernier : 1° lorsqu'ils sont *synonymes;* 2° lorsqu'ils sont mis par *gradation ;* 3° lorsque l'énumération des sujets est accompagnée d'un terme qui les résume tous, comme *tout, rien, chacun, aucun, nul, personne.*

79. Le verbe qui a deux sujets unis par *comme, de même que, ainsi que, aussi bien que,* s'accorde le plus souvent avec le premier, parce que le second est le sujet d'un verbe sous-entendu.

80. Le *complément* du verbe est le mot qui en complète le sens. Il y a deux sortes de compléments; le complément *direct* et le complément *indirect.*

81. Le *complément direct* est l'objet sur lequel l'action se porte directement; on le trouve en faisant la question *qui ?* ou *quoi ?* après le verbe.

82. Le *complément indirect* est celui qui est ajouté au verbe avec une préposition; on le trouve en faisant la question *à qui ? à quoi ? de qui ? de quoi ?* etc.

83 On appelle *modes* les différentes manières d'exprimer l'action ; il y en a cinq : l'*infinitif,* l'*indicatif,* le *conditionnel,* l'*impératif* et le *subjonctif.*

L'*infinitif* exprime l'action d'une manière générale et indéfinie, sans désignation de *nombres* ni de *personnes* (il est appelé mode impersonnel). L'*indicatif* exprime une action positive et certaine. Le *conditionnel* exprime une action incertaine, dépendante d'une condition. L'*impératif* exprime le commandement, la prière. Le *subjonctif* exprime une action douteuse, possible ou nécessaire, qui est sous la dépendance d'une autre action.

84. Il y a trois temps principaux : le *présent,* le *passé* et le *futur.* Le *présent* marque que l'action a lieu au moment où l'on parle; le *passé* marque que l'action a eu lieu dans un temps antérieur, le *futur* marque qu'elle aura lieu dans un temps à venir.

85. On distingue cinq passés : 1° Le *passé indéfini* exprime une action passée dont l'époque peut n'être pas déterminée ni entièrement écoulée; 2° le *passé défini* exprime une action passée à une époque déterminée et entièrement écoulée; 3° le *passé antérieur* exprime une action faite immédiatement avant une autre action passée ; 4° l'*imparfait* exprime une action faite en même temps qu'une autre action dans un temps passé; 5° le *plus-que-parfait* exprime une action faite quelque temps avant une autre action passée.

86. On distingue deux futurs : 1° le *futur absolu* marque simplement que la chose sera ou se fera ; 2° le *futur antérieur* marque que la chose se fera avant une autre.

87. Il y a quatre conjugaisons que l'on distingue par la terminaison du présent de l'infinitif : la première est terminée en *er* comme aimer ; la deuxième en *ir* comme finir ; la troisième en *oir* comme recevoir ; la quatrième en *re* comme rendre.

88. Il y a cinq sortes de verbes : les verbes *actifs*, les verbes *passifs*, les verbes *neutres*, les verbes *pronominaux* et les verbes *impersonnels*.

89. Les verbes *actifs* sont ceux qui ont un complément direct.

90. Les verbes *passifs* sont ceux qui expriment une action reçue ou subie par le sujet. Tout verbe actif a un passif qui se forme en prenant le complément direct du verbe actif pour en faire le sujet du verbe passif.

91. Les verbes *neutres* sont ceux qui n'ont pas de complément direct.

92. Les verbes *pronominaux* sont ceux qui se conjuguent avec deux pronoms de la même personne.

93. Les verbes *impersonnels* sont ceux qui ne se conjuguent qu'à la troisième personne du singulier avec le pronom *il* qui ne remplace aucun nom.

94. On appelle *verbes irréguliers* ceux qui s'écartent des règles générales des conjugaisons ; et *verbes défectifs* ceux qui ne s'emploient pas à tous les temps et à toutes les personnes.

95. Les temps *simples* sont ceux qui n'empruntent pas d'auxiliaire ; les temps *composés* sont ceux qui empruntent l'auxiliaire *avoir* ou *être*.

96. Les temps *primitifs* sont ceux qui servent à former les autres temps appelés temps *dérivés*. Il y en a cinq : le *présent de l'infinitif*, le *participe présent*, le *participe passé*, le *présent de l'indicatif* et le *passé défini*.

97. Pour conjuguer un verbe, il suffit ordinairement de remplacer le radical du verbe modèle, par le radical du verbe que l'on conjugue. Un grand nombre de verbes n'ont qu'un seul radical, d'autres en ont plusieurs. Les difficultés que présente la conjugaison de ces derniers peuvent être résolues au moyen des règles générales de la formation des temps et de quelques règles particulières, ou bien elles s'écartent des règles et sont du domaine de l'usage.

Formation des temps simples dérivés.

98. Le pluriel de *l'indicatif présent* prend le radical du participe présent, avec les terminaisons *ons, ez, ent.*

L'imparfait de l'indicatif prend le radical du participe présent, avec les terminaisons *ais, ais, ait, ions, iez, aient.*

Le *futur absolu* se forme de l'infinitif présent, en changeant *r, oir, re,* en *rai, ras, ra, rons, rez, ront.*

Le *conditionnel présent* prend toujours le radical du futur absolu, avec les terminaisons *rais, rais, rait, rions, riez, raient.*

L'impératif est semblable à l'indicatif présent dont on supprime les pronoms *je, nous, vous.*

Le *subjonctif présent* prend le radical du participe présent avec les terminaisons *e, es, e, ions, iez, ent.*

L'imparfait du subjonctif se forme du passé défini.

En changeant { ai / is / us / ins } en { asse, asses, ât, assions, assiez, assent. / isse, isses, ît, issions, issiez, issent. / usse, usses, ût, ussions, ussiez, ussent. / insse, insses, înt, inssions, inssiez, inssent. }

Formation des temps composés.

99. Tous les temps composés sont formés du participe passé précédé de l'un des temps de l'auxiliaire *avoir* ou *être* : le *passé indéfini* est formé du présent, le *passé antérieur* est formé du passé défini; le *plus-que-parfait* est formé de l'imparfait; le *futur antérieur* est formé du futur absolu.

Règles particulières à certains verbes.

100. Les verbes en *cer* prennent un cédille sous le *c* devant *a, o*.

101. Les verbes en *ger* prennent un *e* après le *g* devant *a, o,*

102. Les verbes en *eler* doublent la lettre *l* et les verbes en *eter* doublent le *t* devant un *e* muet.

103. Les verbes en *er* qui ont un *e* muet ou un *é* fermé à l'avant-dernière syllabe de l'infinitif, changent cet *e* en *è* ouvert lorsque la terminaison commence par un *e* muet.

104. Les verbes en *éger* conservent partout l'accent aigu.

105. Les verbes en *yer* changent l'*y* grec en *i* devant un *e* muet.

106. Les verbes en *ouer*, *uer* prennent un tréma sur l'*i* aux deux premières personnes du pluriel de l'imparfait de l'indicatif et du présent du subjonctif.

107. Le verbe *haïr* prend un tréma sur l'*i*, excepté le singulier de l'indicatif et de l'impératif.

108. Les verbes *actifs* se conjuguent dans leurs temps composés avec l'auxiliaire *avoir*.

109. Les verbes *passifs* se conjuguent dans tous leurs temps avec l'auxiliaire *être* et le participe passé du verbe que l'on veut conjuguer passivement.

110. Les verbes *neutres* se conjuguent, les uns avec *avoir*, d'autres avec *être*; il y en a quelques uns qui se conjuguent tantôt avec *avoir*, tantôt avec *être*, selon que l'on veut exprimer une *action* ou un *état*.

111. Les verbes *pronominaux* se conjuguent dans leurs temps composés avec l'auxiliaire *être* mis pour *avoir*.

112. Les verbes *impersonnels* se conjuguent, les uns avec l'auxiliaire *avoir*, et d'autres avec l'auxiliaire *être*.

113. Les verbes peuvent se conjuguer de quatre manières : 1º *affirmativement;* 2º *négativement;* 3º *interrogativement;* 4º *interrogativement* et *négativement*.

114. Dans les verbes conjugués négativement, *pas* et *point* se mettent après le verbe dans les temps simples, et entre l'auxiliaire et le participe dans les temps composés.

115. Dans les verbes conjugués interrogativement, le pronom sujet se met après le verbe, et y est joint par un trait d'union; dans les temps composés, il se met entre l'auxiliaire et le participe. L'*infinitif*, l'*impératif* et le *subjonctif*, ne s'emploient point interrogativement. Si le verbe finit par *e*, à la première personne, on change cet *e* en *é* fermé. Si le verbe

n'a qu'une syllabe à la première personne de l'indicatif présent, comme *je dors, je vénds, je cours,* etc.; on prend un autre tour, et on dit: *est-ce que je dors?* etc. Quand le verbe finit par une voyelle et qu'il est suivi des pronoms *il, elle, on,* on met un *t* euphonique entre deux traits d'union : *chante-t-il?*

116. Après le présent et les deux futurs de l'indicatif, on emploie le présent ou le passé du subjonctif, selon le temps que l'on veut exprimer à l'égard du premier verbe. Après les cinq temps passés de l'indicatif et les conditionnels, on emploie l'imparfait ou le plus-que-parfait du subjonctif, selon le temps que l'on veut exprimer à l'égard du premier verbe.

LE PARTICIPE.

117. Le *participe* est un mot qui tient de la nature du verbe et de celle de l'adjectif : il tient du verbe en ce qu'il exprime une action, et de l'adjectif en ce qu'il sert quelquefois à exprimer une qualité, un état. Lorsqu'il est employé comme verbe il est invariable, mais lorsqu'il est employé comme adjectif il s'accorde avec le nom qu'il qualifie.

118. Il y a deux sortes de participes : le participe *présent* qui indique toujours un temps présent, et le participe *passé* qui exprime toujours l'idée d'une chose passée.

PARTICIPE PRÉSENT.

119. Le participe présent est toujours terminé par *ant*; il est invariable lorsqu'il exprime une action, mais lorsqu'il marque un état il est adjectif et en suit la règle ; ainsi il est invariable : 1º quand il a un complément direct; 2º quand il est accompagné d'une négation; 3º quand il est précédé de la préposition *en* exprimée ou sous-entendue; 4º quand on peut le remplacer par un autre temps du verbe précédé de *qui* ou de *comme, parceque, puisque, lorsque,* etc. Il est variable : 1º quand il n'a pas de complément ; 2º quand il est joint au verbe *être,* ou qu'on peut mettre devant lui le verbe *être* précédé de *qui*; 3º quand il peut être remplacé par un adjectif.

PARTICIPE PASSÉ.

120. Le participe passé a diverses terminaisons ; pour savoir comment il s'écrit au masculin singulier, on cherche le féminin et on en retranche l'*e* final.

121. Le participe passé employé *sans auxiliaire* s'accorde en genre et en nombre avec le mot qu'il qualifie.

122. Le participe passé conjugué avec *être* s'accorde en genre et en nombre avec le sujet du verbe.

123. Le participe passé conjugué avec *avoir* ou avec *être* mis pour *avoir* s'accorde avec le complément direct, lorsque ce complément est avant le participe ; il reste invariable quand il n'a pas de complément direct ou que ce complément est après le participe.

124. Le participe passé suivi d'un *infinitif* s'accorde avec le complément

direct qui précède lorsque ce complément fait l'action exprimée par l'infinitif ; ce que l'on reconnaît en transformant l'infinitif en participe présent
ou en imparfait. (Le participe *fait* suivi d'un infinitif est toujours invariable).

125. Le participe passé suivi d'un *infinitif* précédé d'une *préposition*
ne s'accorde avec le complément direct qui précède que lorsqu'on peut
placer ce complément entre le participe et la préposition.

126. Le participe passé *entre deux que* est invariable parce qu'il a
pour complément la proposition suivante.

127. Le participe passé des verbes impersonnels ou employés imper-
sonnellement est toujours invariable.

128. Le participe passé précédé de *en* n'est variable que lorsqu'on peut
rapporter ce complément après le participe sans la préposition *de.*

129. Le participe passé précédé de *le peu* reste invariable lorsque *le
peu* est pris dans un sens *négatif,* pour marquer le défaut, le manque,
la trop petite quantité; mais si *le peu* est pris dans un sens *positif,* pour
marquer une petite quantité, le participe s'accorde avec le nom placé après
le peu; dans ce cas le sens permet de supprimer *le peu.*

130. Le participe passé précédé du pronom *le* signifiant *cela* est invariable, mais si *le* tient la place d'un nom, le participe s'accorde avec ce
nom, ce qui a lieu lorsque le sens permet de traduire la phrase au pluriel.

L'ADVERBE.

131. L'Adverbe est un mot invariable qui modifie le sens d'un verbe,
ou d'un adjectif, ou d'un autre adverbe, en y ajoutant une idée de manière,
de temps, de lieu, de quantité, de comparaison, d'affirmation, de négation,
de doute, etc. On appelle *locution adverbiale*, toute réunion de mots faisant l'office d'adverbe.

132. Voici les principaux adverbes :

*Ailleurs, ainsi, alentour, alors, assez, aujourd'hui, auparavant,
aussi, aussitôt, autant, autrefois autrement, beaucoup, bien, bientôt, ça, certes, combien, comment, davantage, dedans, dehors,
déjà, demain, désormais, dessus, dorénavant, encore, enfin, ensemble, ensuite, guère, hier, ici, incessamment, instamment,
jadis, jamais, là, loin, lors, maintenant, mieux, moins, naguère,
ne, non, notamment, nuitamment, où, parfois, partout, peu,
pis, plus, plutôt, presque, quand, quelquefois, souvent, surtout,
tant, tantôt, tard, tôt, toujours, très, trop, volontiers, etc.*

LA PRÉPOSITION.

133. La Préposition est un mot invariable qui fait partie d'un complément et qui sert à exprimer les différents rapports que les mots ont
entre eux : tels que rapports de lieu, de temps, d'ordre, d'union, etc.

On appelle *locution prépositive,* toute réunion de mots faisant l'office
de préposition ; la plupart sont suivies de *de.*

134. Voici les principales prépositions :

A, après, avant, avec, chez, contre, dans, de, depuis, derrière, dès, devant, en, entre, envers, hormis, malgré, nonobstant , par, parmi, pour, sans, selon, sur, vers, à côté de , quant à, etc.

LA CONJONCTION.

135. La conjonction est un mot invariable qui unit entre elles deux propositions, ou les parties semblables d'une proposition : (un sujet à un sujet, un attribut à un attribut, un complément à un complément de même nature). On appelle *locution conjonctive*, toute réunion de mots faisant l'office de conjonction; la plupart sont suivies de *que*.

135 bis. Voici les principales conjonctions :

Car, cependant, comme, donc, et, lorsque , mais , néanmoins , ni, or, ou, pourquoi, pourtant, puisque, quand, que, quoique , si toutefois etc., afin que, ainsi que, bien que, de peur que, ou bien, parce que, pourvu que, supposé que, etc.

L'INTERJECTION.

136. L'interjection est un mot invariable qui exprime les divers sentiments de l'âme : comme la joie, la souffrance, l'étonnement , l'admiration, etc. C'est une espèce de cri du cœur qui exprime à lui seul un sens complet, et n'entre pas en rapport grammatical avec les autres parties de la phrase. On appelle *locution interjective*, toute réunion de mots faisant l'office d'interjection. Toute interjection et toute locution interjective est suivie du point d'exclamation (!).

136 bis. Voici les principales interjections :

Ah ! ahi ! bah ! chut ! crac ! diantre ! fi ! gare ! ha ! hé ! hélas ! hi ! hem ! hein ! ho ! hola ! hum ! ô ! oh ! ouhais ! ouf ! paf ! etc.

Remarques particulières.

137. Les *noms composés* sont des noms formés de plusieurs mots unis ensemble ; qui ne présentent à l'esprit qu'une seule idée.

138. Dans les noms composés il n'y a que le nom et l'adjectif qui prennent la marque du pluriel lorsqu'ils expriment une idée de pluralité; tout autre mot reste toujours invariable.

139. Les *noms collectifs* sont des noms qui désignent une collection ou une réunion d'individus semblables ; comme *armée , troupe.*

140. On distingue deux sortes de collectifs : les collectifs *généraux,* qui marquent la totalité des individus désignés par le nom : comme *la foule, la multitude*; et les collectifs *partitifs* , qui marquent seulement une partie indéterminée : comme *une foule , une infinité.*

141. Les mots variables qui se rapportent à un nom collectif s'accordent ordinairement avec le collectif s'il est général ; et avec le complément du collectif, s'il est partitif. (Les adverbes de quantité et le mot *la plupart* doivent être considérés comme des collectifs partitifs).

142. AMOUR, DÉLICE, ORGUE , sont du masculin au singulier ; et du féminin au pluriel.

143. AIGLE, est masculin 1º quand il désigne le mâle de l'oiseau de proie; 2º au figuré, un homme de génie; 3º dans *papier grand aigle.* Ailleurs il est féminin.

144. COUPLE, signifiant tout simplement *deux*, est féminin; il est masculin dans les autres cas.

145. ENFANT, est masculin s'il désigne un garçon, et féminin s'il désigne une petite-fille.

146. HYMNE, est féminin en parlant des chants de l'église, et masculin dans les autres cas.

147. GENS, veut au masculin les adjectifs qui le suivent, et au féminin ceux qui le précèdent. Cependant on dit : Tous les gens. Tous les honnêtes gens.

148. ORGE, est féminin, excepté dans *orge mondé, orge perlé*.

149. Quelques noms n'ont pas de pluriel, tels que les mots employés accidentellement comme noms ; les noms de vertus et de vices ; les noms de métaux pris en général ; les noms d'aromates, etc. D'autres noms n'ont pas de singulier, tels sont : *agrès, ancêtres, arrhes, brouis-sailles, mœurs, pleurs, vêpres*.

150. LE, devant *plus, mieux, moins*, n'est variable que lorsqu'on veut établir une comparaison; mais lorsqu'il n'y a pas comparaison il fait partie de l'adverbe et reste invariable.

151. DEMI, placé avant le nom, est invariable ; mais placé après le nom il en prend le genre. DEMI, employé comme nom est féminin et prend *s* au pluriel.

152. NU, placé avant le nom, est invariable ; mais après le nom il en prend le genre et le nombre. Les mots *excepté, supposé, attendu, ouï, passé, vu, non compris*, etc. suivent la même règle.

153. FEU, n'est variable que lorsqu'il est suivi immédiatement d'un nom. Ma feue mère.

154. VINGT et CENT, prennent *s* lorsqu'ils sont précédés d'un nombre qui les multiplie, et qu'ils ne sont suivis d'aucun autre nombre; ils sont invariables lorsqu'ils sont employés pour *vingtième, centième*. Lorsque *cent* est employé pour *centaine*, il est nom et prend *s* au pluriel.

155. MILLE, ne prend *s* que lorsqu'il est employé comme nom pluriel, désignant une longueur de chemin. On écrit MIL, pour la date des années.

156. QUELQUE, modifiant un nom est adjectif et s'accorde en nombre avec ce nom. QUELQUE, modifiant un verbe ou un adjectif est adverbe et invariable. QUEL QUE, suivi d'un verbe s'écrit en deux mots ; alors *quel* est adjectif et s'accorde avec le sujet du verbe.

157. TOUT, modifiant un nom ou un pronom est adjectif et variable; dans ce cas il a le sens de *entier*, ou exprime une collection. TOUT, modifiant un adjectif ou un adverbe est adverbe et invariable ; dans ce cas il signifie *tout-à-fait, entièrement*. Cependant par euphonie *tout* varie lorsqu'il est suivi d'un adjectif féminin commençant par une consonne ou un *h* aspiré. Lorsque *tout* n'est suivi ni d'un nom, ni d'un adjectif il est pronom indéfini et ne varie pas.

158. MÊME, suivi d'un nom qu'il modifie, ou placé après un seul nom ou un seul pronom est adjectif et variable. MÊME, modifiant un verbe ou un adjectif, ou placé après plusieurs noms, est adverbe et invariable.

159. AUCUN et NUL, ne s'emploient au pluriel que devant les noms qui n'ont pas de singulier.

160. Nous et Vous, employés au singulier, veulent le verbe au pluriel.

161. Ce, devant le verbe *être*, veut ce verbe au singulier, à moins qu'il ne soit suivi d'un nom pluriel, ou d'un pronom de la 3me personne du pluriel.

162. Le, remplaçant un nom pris dans un sens déterminé signifie *lui*, *elle*, *eux*, *elles*, et s'accorde en genre et en nombre avec ce nom.

163. Chacun, veut après lui *leur*, *leurs*, quand il sépare le verbe de son complément direct; dans les autres cas il veut *son, sa, ses*.

164. On, est ordinairement masculin singulier; cependant quand il s'applique à une femme, l'adjectif qui s'y rapporte se met au féminin, et s'il désigne plusieurs personnes l'adjectif se met au pluriel.

165. Personne, ayant le sens de *aucune personne* est pronom indéfini et est masculin.

166. Quiconque, est masculin dans le sens général; mais lorsqu'il est employé pour désigner une femme, il veut au féminin l'adjectif qui s'y rapporte.

167. Ceci, désigne l'objet le plus proche; cela, l'objet le plus éloigné. Celui-ci, se rapporte au nom énoncé en dernier lieu; celui-là, au nom énoncé en premier lieu.

168. L'un l'autre, exprime la réciprocité; l'un et l'autre, exprime la pluralité, sans réciprocité.

169. Plus tôt, en deux mots, est l'opposé de *plus tard*. Plutôt, en un mot, marque la préférence.

170. Quand, écrit avec un *d*, signifie *lorsque* ou *quoique*. Quant, écrit avec un *t*, est toujours suivi de *à, au, aux*.

171. De suite, signifie *l'un après l'autre*. Tout-de-suite, signifie *sur-le-champ*.

172. Tout-a-coup, signifie *subitement*; tout-d'un-coup, signifie *en une seule fois*.

173. Près de, signifie *sur le point de*; prêt a, signifie disposé à.

174. Entre, s'emploie quand il n'est question que de deux objets. Parmi, se dit d'une collection d'objets et veut après lui un collectif, ou un nom pluriel.

175. On emploie a, entre deux nombres, lorsque le nom qui suit ces nombres représente une chose qui peut se diviser. On emploie ou, quand la chose n'admet pas la division.

176. Par terre, se dit de ce qui touche à terre; a terre, se dit de ce qui n'y touche pas.

177. C'est a vous a, éveille une idée de tour; c'est a vous de, éveille une idée de droit.

178. Au travers, veut *de*; a travers, demande un complément direct.

179. Près de, éveille une idée de proximité; au près de, celle d'assiduité, de sentiment.

180. Vis-a-vis, ne doit s'employer que dans le sens de *en face*.

81. Parce que, en deux mots, signifie *attendu que, par la raison que*. Par ce que, en trois mots, signifie *par la chose que, d'après ce que*.

182. QUOIQUE, en un mot, signifie *bien que* ; QUOI QUE en deux mots, signifie *quelque chose que.*

PONCTUATION.

183. La *virgule* se met entre les parties semblables d'une même proposition, ou entre les propositions semblables d'une même phrase lorsqu'elles ont peu d'étendue. On met entre deux virgules les propositions incidentes qui peuvent être retranchées sans altérer le sens, les citations et les mots, attributs ou compléments, qui sont mis par apposition et comme explication.

184. Le *point-virgule* se met entre les propositions qui ont de l'analogie et une certaine étendue.

185. Les *deux points* se mettent après une phrase qui annonce une citation ou une énumération.

186. Le *point* se met à la fin des phrases quand le sens est entièrement fini.

187. Le *point d'interrogation* se met après les phrases interrogatives.

188. Le *point d'exclamation* se met après les phrases exclamatives, et après les interjections.

ANALYSE GRAMMATICALE.

189. L'analyse grammaticale consiste à décomposer une phrase et à examiner partiellement tous les mots dont elle est formée, afin de se rendre compte de la *nature* de chaque mot, de leur *espèce*, de leurs *formes*, de leur *fonction*, et des *rapports* qui les lient entr'eux.

190. Voici ce qu'il y a à dire sur les dix sortes de mots :

Le NOM, l'espèce : *(commun, propre)*, le genre, le nombre, la fonction : *(sujet, attribut, complément).*

L'ARTICLE. L'espèce : *(simple, contracté, élidé)*, le genre, le nombre, et le nom avec lequel il s'accorde.

L'ADJECTIF. L'espèce : *(qualificatif, déterminatif)*, le genre, le nombre, et le nom avec lequel il s'accorde.

Le PRONOM. L'espèce : *(personnel, possessif, démonstratif, relatif, indéfini)*, le genre, le nombre, la personne, le mot qu'il remplace et avec lequel il s'accorde, et la fonction : *(sujet, complément).*

Le VERBE. L'espèce : *(actif, passif, neutre, pronominal, impersonnel)*, le nombre, la personne, le mode, le temps, la conjugaison, et l'accord avec son sujet.

Le PARTICIPE. L'espèce : *(présent, passé)*, le genre, le nombre, et l'accord, soit avec le nom qu'il modifie, soit avec le sujet du verbe, soit avec le complément direct.

L'ADVERBE. Le mot qu'il modifie : *(verbe, adjectif, adverbe).*

LA PRÉPOSITION. Les mots qu'elle met en rapport.

La CONJONCTION. Les mots qu'elle unit : *(propositions, sujets, attributs, compléments).*

L'INTERJECTION. Le sentiment de ... qu'elle exprime.

191. Tableau d'Analyse Grammaticale.

Texte. — La mort n'effraie point l'homme vertueux, qui, satisfait du rôle qu'il a joué, se retire de la scène avec tranquillité, et dit : j'ai bien vécu; j'ai bien fourni la carrière que le sort m'a tracée.

MOTS à ANALYSER.	NATURE des MOTS.	ESPÈCE.	GENRE.	NOMBRE.	PERSONNE.	MODE.	TEMPS.	CONJUGAI.	ACCORD avec....	FONCTION du MOT DANS LA PHRASE.
La	article	simple	f.	s.	»	»	»	»	»	»
mort	nom	commun	f.	s.	3	»	»	»	mort	sujet de effraie.
ne.... point	locution adverbl.	de négation	»	»	»	»	»	»	invariable	modifie effraie.
effraie	verbe	transitif	»	s.	3	indicatif	présent	1	mort	»
l' (le)	article	élidé	m.	s.	»	»	»	»	homme	»
homme	nom	commun	m.	s.	3	»	»	»	homme	complément direct de effraie.
vertueux,	adjectif	qualificatif	m.	s.	»	»	»	»	homme	»
qui,	pronom	relatif	m.	s.	3	»	»	»	homme	sujet de se retire.
satisfait	adjectif	qualificatif	m.	s.	»	»	»	»	homme	»
du (de le)	article	contracté	m.	s.	»	»	»	»	rôle	complément indirect de satisfait.
rôle	nom	commun	m.	s.	3	»	»	»	rôle	complément direct de a joué.
qu' (que)	pronom	relatif	m.	s.	3	»	»	»	qui	sujet de a joué.
il	pronom	personnel	m.	s.	3	»	»	»	homme	»
a joué,	verbe	transitif	»	s.	3	indicatif	passé indéf.	1	il	complément direct de retire.
se (soi)	pronom	personnel	»	s.	3	»	»	»	»	son complément direct indirect de se retire est tout ce qui suit.
retire	verbe	transitif réfl.	»	s.	3	indicatif	présent	1	il	complément direct de retire.
de	préposition	commun	»	»	»	»	»	»	»	fait rapporter scène à retire.
la	article	simple	f.	s.	»	»	»	»	scène	»
scène	nom	commun	f.	s.	3	»	»	»	scène	complément indirect de se retire.
avec	préposition	commun	»	»	»	»	»	»	»	fait rapporter tranquillité à retire.
tranquillité,	nom	commun	f.	s.	3	»	»	»	»	complément indirect de se retire.
et	conjonction	»	»	»	»	»	»	»	invariable	unit les propositions se retire et dit.
dit :	verbe	transitif	»	s.	3	indicatif	présent	4	il	deuxième compl. indirect de se retire.
j' (je)	pronom	personnel	»	s.	1	»	»	»	je	sujet de ai vécu.
ai... vécu	verbe	intransitif	»	s.	1	indicatif	passé indéf.	1	je	»
bien	adverbe	de manière	»	»	»	»	»	»	invariable	modifie ai vécu.
j' (je)	pronom	personnel	»	s.	1	»	»	»	je	sujet de ai fourni.
ai... fourni	verbe	transitif	»	s.	1	indicatif	passé indéf.	2	je	»
bien	adverbe	de manière	»	»	»	»	»	»	invariable	modifie ai fourni.
la	article	simple	f.	s.	»	»	»	»	carrière	»
carrière	nom	commun	f.	s.	3	»	»	»	carrière	complément direct de ai fourni.
que	pronom	relatif	»	s.	3	»	»	»	»	complément direct de a tracé.
le	article	simple	m.	s.	»	»	»	»	sort	»
sort	nom	commun	m.	s.	3	»	»	»	sort	sujet de a tracé.
m' (à moi)	pronom	personnel	»	s.	1	»	»	»	»	complément indirect de a tracé.
a tracée.	verbe	transitif	»	s.	3	indicatif	passé indéf.	1	homme	(Le participe s'accorde avec carrière.)

ANALYSE LOGIQUE.

192. L'Analyse logique consiste à décomposer une phrase pour savoir le nombre de propositions qu'elle renferme, leur nature et leur composition : *sujet, verbe, attribut, compléments.*

193. On appelle *phrase* , une proposition ou plusieurs propositions réunies formant un sens complet.

194. On appelle *proposition* , l'expression d'un jugement. Toute proposition renferme trois termes essentiels, exprimés ou sous-entendus : *sujet, verbe* et *attribut.* Le *sujet* est le nom de l'objet dont on affirme quelque chose. L'*attribut* est la qualité que l'on attribue au sujet. Le *verbe* est le mot qui fait rapporter l'attribut au sujet.

195. Le sujet et l'attribut sont quelquefois accompagnés de compléments. Il y a deux sortes de compléments : le complément *déterminatif* et le complément *explicatif.* Le complément *déterminatif* est celui qui complète la signification du sujet ou de l'attribut , en déterminant cette signification, ex. l'huile *de noix* est bonne. Le complément *explicatif* est celui qui complète le sens du sujet ou de l'attribut sans le déterminer, mais en exprimant quelque chose qui y a rapport. Ex. Dieu, *qui lit dans nos cœurs*, connaît toutes nos pensées.

196. Il y a dans une phrase autant de propositions qu'il y a de verbes ayant chacun un sujet.

197. Le verbe proprement dit est le verbe *être* ; il est appelé verbe *substantif* ; les autres verbes renferment le verbe *être* et *l'attribut* et sont appelés verbes *attributifs.* Ex. le feu *brûle*; le mot *brûle* est mis pour *est brûlant.*

198. Le sujet et l'attribut sont *simples* ou *composés*, *incomplexes* ou *complexes.* Le sujet est *simple* lorsqu'il présente un ou plusieurs êtres nommés par un seul mot. Ex. l'*or* est précieux. Il est *composé* lorsqu'il présente plusieurs êtres nommés chacun par un nom particulier. Ex. le *frère* et la *sœur* sont malades. — L'attribut est *simple* lorsqu'il n'exprime qu'une seule manière d'être. Ex. Jules est *sage.* Il est *composé* lorsqu'il exprime plusieurs manières d'être. Ex. Dieu est *bon* et *éternel.* Le sujet et l'attribut sont *incomplexes* quand ils n'ont pas de compléments. Ex. L'eau est froide. Ils sont *complexes* quand ils sont accompagnés de compléments. Ex. L'eau *de fontaine* est bonne *à boire.*

199. Les propositions considérées entre elles sont *absolues* ou *relatives* ; c'est-à-dire complètes ou incomplètes. Une proposition *absolue* est celle qui a par elle-même un sens complet; elle n'a besoin, pour être parfaitement comprise, que des mots dont elle se compose. Ex. La bonté de Dieu est infinie. Une proposition *relative* est celle qui a besoin d'une autre proposition pour en compléter le sens. Ex. Je crois que Dieu est souverainement bon.

200. Dans une proposition composée , on appelle *principale* celle qui exprime ce que l'on veut principalement faire entendre; celle qui sert à compléter ou à déterminer la proposition principale, s'appelle proposition *secondaire* ou *subordonnée.* Ex. L'homme de bien désire que ses semblables soient heureux. *L'homme de bien désire*, — voilà la principale; — *ses semblables soient heureux* , — voilà la secondaire. Toute proposition secondaire commence par une conjonction ou par un pronom conjonctif.

201. La dénomination d'*incidente* se donne aux propositions secondaires qui sont enclavées dans la principale. La proposition incident peut être *déterminative* ou **explicative**: Elle est *déterminative* lorsqu'elle forme un complément déterminatif. Ex. Le livre *que j'ai lu* est instructif. Elle est *explicative* lorsqu'elle survient comme complément explicatif. Ex. La mort, *qui n'épargne personne*, est la véritable égalité. (L'incidente déterminative n'est séparée par aucun signe de ponctuation du mot auquel elle sert de complément. L'incidente explicative se place entre deux virgules.)

202. La construction d'une proposition est *directe*, lorsque l'ordre est le même que celui qui est suivi dans l'analyse, (*sujet, verbe* et *attribut*). Ex.: L'âme est immortelle. Elle est *inverse*, lorsqu'il y a transposition de quelques uns de ses termes. Ex. Maudits soient les calomniateurs.

203. La proposition est *ellyptique*, lorsqu'il y a retranchement de quelques uns de ses termes. Ex. Cette maison est en cendres, (pour *est réduite en cendres*). Elle est *implicite*, lorsqu'aucun de ses termes n'est exprimé. Ex. Etes-vous chrétien ? *Oui.* C'est-à-dire, *je suis chrétien.*

204. On appelle *pléonasme* une surabondance de mots. Ex. Je veux, *moi*, faire cela.

205. La *syllepse* consiste à faire accorder le mot avec l'idée, plutôt qu'avec le mot auquel il se rapporte grammaticalement. Ex. J'ai entendu plusieurs orateurs ; LA PLUPART *s'exprimaient* assez nettement.

206. Les *gallicismes* sont des façons de s'exprimer propres à la langue française. Ex. Il fait chaud, il sied d'être modeste.

206 bis. Tableau des finales des verbes réguliers.

INFINITIF. *Présent.*		*Imparfait.*	IMPÉRATIF.
1re conjugaison.	er	ais	»
2e —	ir	ais	e, s
3e —	oir	ait	»
4e —	re	ions	ons
Participe présent.		iez	ez
ant		aient	»

INDICATIF. *Présent.*		*Futur absolu.*	SUBJONCTIF. *Présent.*
e	s	rai	e
es	s	ras	es
e	t	ras	e
ons		rons	ions
ez		rez	iez
ent		ront	ent

Passé défini.			CONDITIONNEL. *Présent.*	*Imparfait.*		
ai	is	us	rais	asse	isse	usse
as	is	us	rais	asses	isses	usses
a	it	ut	rait	ât	ît	ût
âmes	îmes	ûmes	rions	assions	issions	ussions
âtes	îtes	ûtes	riez	ussiez	issiez	ussiez
èrent	irent	urent	raient	assent	issent	ussent

Les verbes de la **1re** conjugaison ont un *e* muet avant l'*r* au *Futur* et au *Conditionnel*.

INFINITIF.		INFINITIF.	
1. *Présent.*	2. *Passé.*	1. *Présent.*	2. *Passé.*
Avoir.	Avoir eu	Être.	Avoir été.
3. *Participe présent*	4. *Participe passé.*	3. *Participe présent*	4. *Participe passé.*
Ayant	Eu, eue, ayant eu.	Étant.	Été, ayant été.

INDICATIF.		INDICATIF.	
5. *Présent.*	6. *Passé indéfini.*	5. *Présent.*	6. *Passé indéfini.*
J'ai.	J'ai eu	Je suis.	J'ai été
Tu as.	Tu as eu	Tu es.	Tu as été
Il a.	Il a eu	Il est.	Il a été
Nous avons.	Nous avons eu	Nous sommes.	Nous avons été
Vous avez.	Vous avez eu	Vous êtes.	Vous avez été
Ils ont.	Ils ont eu	Ils sont.	Ils ont été
7. *Passé défini.*	8. *Passé antérieur.*	7. *Passé défini.*	8. *Passé antérieur.*
J'eus.	J'eus eu	Je fus.	J'eus été
Tu eus.	Tu eus eu	Tu fus.	Tu eus été
Il eut.	Il eut eu	Il fut.	Il eut été
Nous eûmes.	Nous eûmes eu	Nous fûmes.	Nous eûmes été
Vous eûtes.	Vous eûtes eu	Vous fûtes.	Vous eûtes été
Ils eurent.	Ils eurent eu	Ils furent.	Ils eurent été
9. *Imparfait.*	10. *Plus-que-parf.*	9. *Imparfait.*	10. *Plus-que-parf.*
J'avais.	J'avais eu	J'étais.	J'avais été
Tu avais.	Tu avais eu	Tu étais.	Tu avais été
Il avait.	Il avait eu	Il était.	Il avait été
Nous avions.	Nous avions eu	Nous étions.	Nous avions été
Vous aviez.	Vous aviez eu	Vous étiez.	Vous aviez été
Ils avaient.	Ils avaient eu	Ils étaient.	Ils avaient été
11. *Futur absolu.*	12. *Futur antérieur.*	11. *Futur absolu.*	12. *Futur antérieur.*
J'aurai.	J'aurai eu	Je serai.	J'aurai été
Tu auras.	Tu auras eu	Tu seras.	Tu auras été
Il aura.	Il aura eu	Il sera.	Il aura été
Nous aurons.	Nous aurons eu	Nous serons.	Nous aurons été
Vous aurez.	Vous aurez eu	Vous serez.	Vous aurez été
Ils auront.	Ils auront eu	Ils seront.	Ils auront été

CONDITIONNEL.		CONDITIONNEL.	
13. *Présent.*	14. *Passé.*	13. *Présent.*	14. *Passé.*
J'aurais.	J'aurais eu	Je serais.	J'aurais été
Tu aurais.	Tu aurais eu	Tu serais.	Tu aurais été
Il aurait.	Il aurait eu	Il serait.	Il aurait été
Nous aurions.	Nous aurions eu	Nous serions.	Nous aurions été
Vous auriez.	Vous auriez eu	Vous seriez.	Vous auriez été
Ils auraient.	Ils auraient eu	Ils seraient.	Ils auraient été

15. IMPÉRATIF.	15. IMPÉRATIF.
Aie.	Sois.
Ayons.	Soyons.
Ayez.	Soyez.

SUBJONCTIF.		SUBJONCTIF.	
16. *Présent.*	17. *Passé.*	16. *Présent.*	17. *Passé.*
Que j'aie.	Que j'aie eu	Que je sois.	Que j'aie été
Que tu aies.	Que tu aies eu	Que tu sois.	Que tu aies été
Qu'il ait.	Qu'il ait eu	Qu'il soit.	Qu'il ait été
Que nous ayons.	Que n. ayons eu	Que nous soyons.	Que n. ayons été
Que vous ayez.	Que v. ayez eu	Que vous soyez.	Que v. ayez été
Qu'ils aient.	Qu'ils aient eu	Qu'ils soient.	Qu'ils aient été
18. *Imparfait.*	19. *Plus-que-parf.*	18. *Imparfait.*	19. *Plus-que-parf.*
Que j'eusse.	Que j'eusse eu	Que je fusse.	Que j'eusse été
Que tu eusses.	Que tu eusses eu	Que tu fusses.	Que tu eusses été
Qu'il eût.	Qu'il eût eu	Qu'il fût.	Qu'il eût été
Que nous eussions.	Que n. eussions eu	Que nous fussions.	Que n. eussions été
Que vous eussiez.	Que v. eussiez eu	Que vous fussiez.	Que v. eussiez été
Qu'ils eussent.	Qu'ils eussent eu	Qu'ils fussent.	Qu'ils eussent été

1re Conjugaison.

INFINITIF.

1. *Présent.*	2. *Passé.*
Aimer.	Avoir aimé

3. *Participe présent*	4. *Participe passé.*
Aimant.	Aimé, aimée.

INDICATIF.

5. *Présent.*	6. *Passé indéfini.*
J'aime.	J'ai aimé
Tu aimes.	Tu as aimé
Il aime.	Il a aimé
Nous aimons.	Nous avons aimé
Vous aimez.	Vous avez aimé
Ils aiment.	Ils ont aimé

7. *Passé défini.*	8. *Passé antérieur.*
J'aimai.	J'eus aimé
Tu aimas.	Tu eus aimé
Il aima.	Il eut aimé
Nous aimâmes.	Nous eûmes aimé
Vous aimâtes.	Vous eûtes aimé
Ils aimèrent.	Ils eurent aimé

9. *Imparfait.*	10. *Plus-que-parf.*
J'aimais.	J'avais aimé
Tu aimais.	Tu avais aimé
Il aimait.	Il avait aimé
Nous aimions.	Nous avions aimé
Vous aimiez.	Vous aviez aimé
Ils aimaient.	Ils avaient aimé

11. *Futur absolu.*	12. *Futur antérieur*
J'aimerai.	J'aurai aimé
Tu aimeras.	Tu auras aimé
Il aimera.	Il aura aimé
Nous aimerons.	Nous aurons aimé
Vous aimerez.	Vous aurez aimé
Ils aimeront.	Ils auront aimé

CONDITIONNEL.

13. *Présent.*	14. *Passé.*
J'aimerais.	J'aurais aimé
Tu aimerais.	Tu aurais aimé
Il aimerait.	Il aurait aimé
Nous aimerions.	Nous aurions aimé
Vous aimeriez.	Vous auriez aimé
Ils aimeraient.	Ils auraient aimé

15. IMPÉRATIF.

Aime.
Aimons.
Aimez.

SUBJONCTIF.

16. *Présent.*	17. *Passé.*
Que j'aime.	Que j'aie aimé
Que tu aimes.	Que tu aies aimé
Qu'il aime.	Qu'il ait aimé
Que n. aimions.	Que n. ayons aimé
Que v. aimiez.	Que v. ayez aimé
Qu'ils aiment.	Qu'ils aient aimé

18. *Imparfait.*	19. *Plus-que-parf.*
Que j'aimasse.	Que j'eusse aimé
Que tu aimasses.	Que tu eusses aimé
Qu'il aimât.	Qu'il eût aimé
Que n. aimassions.	Que n. eussions aimé
Que v. aimassiez.	Que v. eussiez aimé
Qu'ils aimassent.	Qu'ils eussent aimé

2e Conjugaison.

INFINITIF.

1. *Présent.*	2. *Passé.*
Finir.	Avoir fini

3. *Participe présent*	4. *Participe passé.*
finissant.	fini, finie.

INDICATIF.

5. *Présent.*	6. *Passé indéfini.*
Je finis.	J'ai fini
Tu finis.	Tu as fini
Il finit.	Il a fini
Nous finissons.	Nous avons fini
Vous finissez.	Vous avez fini
Ils finissent.	Ils ont fini

7. *Passé défini.*	8. *Passé antérieur.*
Je finis.	J'eus fini
Tu finis.	Tu eus fini
Il finit.	Il eut fini
Nous finîmes.	Nous eûmes fini
Vous finîtes.	Vous eûtes fini
Ils finirent.	Ils eurent fini

9. *Imparfait.*	10. *Plus-que-parf.*
Je finissais.	J'avais fini
Tu finissais.	Tu avais fini
Il finissait.	Il avait fini
Nous finissions.	Nous avions fini
Vous finissiez.	Vous aviez fini
Ils finissaient.	Ils avaient fini

11. *Futur absolu.*	12. *Futur antérieur*
Je finirai.	J'aurai fini
Tu finiras.	Tu auras fini
Il finira.	Il aura fini
Nous finirons.	Nous aurons fini
Vous finirez.	Vous aurez fini
Ils finiront.	Ils auront fini

CONDITIONNEL.

13. *Présent.*	14. *Passé.*
Je finirais.	J'aurais fini
Tu finirais.	Tu aurais fini
Il finirait.	Il aurait fini
Nous finirions.	Nous aurions fini
Vous finiriez.	Vous auriez fini
Ils finiraient.	Ils auraient fini

15. IMPÉRATIF.

Finis.
Finissons.
Finissez.

SUBJONCTIF.

16. *Présent.*	17. *Passé.*
Que je finisse.	Que j'aie fini
Que tu finisses.	Que tu aies fini
Qu'il finisse.	Qu'il ait fini
Que n. finissions.	Que n. ayons fini
Que v. finissiez.	Que v. ayez fini
Qu'ils finissent.	Qu'ils aient fini

18. *Imparfait.*	19. *Plus-que-parf.*
Que je finisse.	Que j'eusse fini
Que tu finisses.	Que tu eusses fini
Qu'il finît.	Qu'il eût fini
Que n. finissions.	Que n. eussions fini
Que v. finissiez.	Que v. eussiez fini
Qu'ils finissent.	Qu'ils eussent fini

3ᵉ Conjugaison. 4ᵉ Conjugaison.

INFINITIF.		INFINITIF.	
1. Présent.	**2. Passé.**	**1. Présent.**	**2. Passé.**
Recevoir.	Avoir reçu.	Rendre.	Avoir rendu.
3. Participe présent	**4. Participe passé.**	**3. Participe présent**	**4. Participe passé**
Recevant.	Reçu, reçue.	Rendant.	Rendu, rendue.

INDICATIF.		INDICATIF.	
5. Présent.	**9. Passé indéfini.**	**5. Présent.**	**6. Passé indéfini.**
Je reçois.	J'ai reçu	Je rends.	J'ai rendu
Tu reçois.	Tu as »	Tu rends.	Tu as rendu
Il reçoit.	Il a »	Il rend.	Il a rendu
Nous recevons.	Nous avons »	Nous rendons.	Nous avons rendu
Vous recevez.	Vous avez »	Vous rendez.	Vous avez rendu
Ils reçoivent.	Ils ont »	Ils rendent.	Ils ont rendu
7. Passé défini.	**8. Passé antérieur.**	**7. Passé défini.**	**8. Passé antérieur.**
Je reçus.	J'eus reçu	Je rendis.	J'eus rendu
Tu reçus.	Tu eus »	Tu rendis.	Tu eus rendu
Il reçut.	Il eut »	Il rendit.	Il eut rendu
Nous reçûmes.	Nous eûmes »	Nous rendîmes.	Nous eûmes rendu
Vous reçûtes.	Vous eûtes »	Vous rendîtes.	Vous eûtes rendu
Ils reçurent.	Ils eurent »	Ils rendirent.	Ils eurent rendu
9. Imparfait.	**10. Plus-que-parf.**	**9. Imparfait.**	**10. Plus-que-parf.**
Je recevais.	J'avais reçu	Je rendais.	J'avais rendu
Tu recevais.	Tu avais »	Tu rendais.	Tu avais rendu
Il recevait.	Il avait »	Il rendait.	Il avait rendu
Nous recevions.	Nous avions »	Nous rendions.	Nous avions rendu
Vous receviez.	Vous aviez »	Vous rendiez.	Vous aviez rendu
Ils recevaient.	Ils avaient »	Ils rendaient.	Ils avaient rendu
11. Futur absolu.	**12. Futur antérieur**	**11. Futur absolu.**	**12. Futur antérieur**
Je recevrai.	J'aurai reçu	Je rendrai.	J'aurai rendu
Tu recevras.	Tu auras »	Tu rendras.	Tu auras rendu
Il recevra.	Il aura »	Il rendra.	Il aura rendu
Nous recevrons.	Nous aurons »	Nous rendrons.	Nous aurons rendu
Vous recevrez.	Vous aurez »	Vous rendrez.	Vous aurez rendu
Ils recevront.	Ils auront »	Ils rendront.	Ils auront rendu

CONDITIONNEL.		CONDITIONNEL.	
13. Présent.	**14. Passé.**	**13. Présent.**	**14. Passé.**
Je recevrais.	J'aurais reçu	Je rendrais.	J'aurais rendu
Tu recevrais.	Tu aurais »	Tu rendrais.	Tu aurais rendu
Il recevrait.	Il aurait »	Il rendrait.	Il aurait rendu
Nous recevrions.	Nous aurions »	Nous rendrions.	Nous aurions rendu
Vous recevriez.	Vous auriez »	Vous rendriez.	Vous auriez rendu
Ils recevraient.	Ils auraient »	Ils rendraient.	Ils auraient rendu

15. IMPÉRATIF.		15. IMPÉRATIF.	
Reçois.		Rends.	
Recevons.		Rendons.	
Recevez.		Rendez.	

SUBJONCTIF.		SUBJONCTIF.	
16. Présent.	**17. Passé.**	**16. Présent.**	**17. Passé.**
Que je reçoive.	Que j'aie reçu	Que je rende.	Que j'aie rendu
Que tu reçoives.	Que tu aies »	Que tu rendes.	Que tu aies rendu
Qu'il reçoive.	Qu'il ait »	Qu'il rende.	Qu'il ait rendu
Que n. recevions.	Que n. ayons »	Que n. rendions.	Que n. ayons rendu
Que v. receviez.	Que v. ayez »	Que v. rendiez.	Que v. ayez rendu
Qu'ils reçoivent.	Qu'ils aient »	Qu'ils rendent.	Qu'ils aient rendu
18. Imparfait.	**19. Plus-que-parf.**	**18. Imparfait.**	**19. Plus-que-parf.**
Que je reçusse.	Que j'eusse reçu	Que je rendisse.	Que j'eusse rendu
Que tu reçusses.	Que tu eusses »	Que tu rendisses.	Que tu eusses rendu
Qu'il reçût.	Qu'il eût »	Qu'il rendît.	Qu'il eût rendu
Que n. reçussions.	Que n. eussions »	Que n. rendissions.	Q. n. eussions rendu
Que v. reçussiez.	Que v. eussiez »	Que v. rendissiez.	Que v. eussiez rendu
Qu'ils reçussent.	Qu'ils eussent »	Qu'ils rendissent.	Qu'ils eussent rendu

Qui ne suivent pas les règles de la formation des temps.

(Les verbes qui se conjuguent avec *être* sont marqués d'une étoile *.)

* ALLER. Allant, allé.— Je vais, tu vas, il va, nous allons, v. allez, ils vont. — J'allai. J'irai. Va, allons, allez. — Que j'aille, que tu ailles, qu'il aille, q. n. allions, que v. alliez, qu'ils aillent.

ENVOYER. Envoyant, envoyé. J'envoie. — J'envoyai. J'enverrai. (L'y se change en *i* devant un *e* muet.)

ACQUÉRIR. Acquérant, acquis.— J'acquiers, n. acquérons, ils acquièrent. —J'acquis. J'acquerrai, que j'acquière,... que n. acquérions,... qu'ils acquièrent.

COURIR. Courant, couru. — Je cours. Je courus. Je courrai.

CUEILLIR. Cueillant, cueilli. — Je cueille. Je cueillis. Je cueillerai.

* MOURIR. Mourant, mort. —Je meurs,... n. mourons,... ils meurent.— Je mourus. Je mourrai. Que je meure,... que n. mourions,... qu'ils meurent.

TENIR. Tenant, tenu. — Je tiens,... n. tenons,... ils tiennent. — Je tins. Je tiendrai. Que je tienne,... que n. tenions,... qu'ils tiennent. (On double la lettre *n* devant un *e* muet).

* VENIR. Comme *tenir* pour les temps simples.

ASSEOIR. Asseyant *ou* assoyant, assis. — J'assieds, tu assieds, il assied, n. asseyons, v. asseyez, ils asseyent *ou* J'assois,... n. assoyons,... ils assoient. — J'assis. J'assiérai ou j'asseyerai ou j'assoirai.— Que j'asseye, ou que j'assoie.

MOUVOIR. Mouvant, mu.— Je meus, tu meus, il meu, n. mouvons, v. mouvez, ils meuvent.—Je mus. Je mouvrai. Que je meuve,... que nous mouvions,... qu'ils meuvent.

POUVOIR. Pouvant, pu. — Je peux (ou je puis), tu peux, il peut, n. pouvons,... ils peuvent. Je pus. Je pourrai. Que je puisse.

PRÉVALOIR. Comme valoir. Le subjonctif présent se forme régulièrement.

SAVOIR. Sachant, su. — Je sais,... nous savons. — Je sus. Je savais. Je saurai. Sache, sachons, sachez.

VALOIR. Valant, valu. — Je vaux, tu vaux, il vaut, n. valons. Je valus. Je vaudrai. Que je vaille,... que n. valions,... qu'ils vaillent.

VOIR. (L'y du participe présent se change en *i* devant un *e* muet). Voyant, vu. Je vois. Je vis. Je verrai. que je voie,... que n. voyions,... qu'ils voient.

VOULOIR. Voulant, voulu. Je veux,... nous voulons, ils veulent. Je voudrai.— Veux, voulons, voulez ou veuillez. Que je veuille,... que n. voulions,... qu'ils veuillent.

BOIRE. Buvant, bu. Je bois,... n. buvons,... ils boivent. Je bus. Que je boive,... que n. buvions,... qu'ils boivent.

FAIRE. Faisant, fait. Je fais,... n faisons, vous faites, ils font. Je fis. Je ferai. Que je fasse.

FAILLIR. (défectif). Faillant, failli. Je faux,... n. faillons. Je faillis. Je faudrai.

FALLOIR. (Impersonnel et défectif.) Fallu. Il faut. Il fallut. Il faudra. Qu'il faille. Qu'il fallût.

NOTA. Il y a environ 50 verbes composés qui se conjuguent comme leurs simples ; ainsi *renvoyer* se conjugue comme *envoyer*, *accourir*, *se courir* comme courir, etc.

www.ingramcontent.com/pod-product-compliance
Lightning Source LLC
Chambersburg PA
CBHW052221270326
41931CB00011B/2440